Heinrich Jaques

Fünf Reden über Österreich und Wien

Heinrich Jaques

Fünf Reden über Österreich und Wien

ISBN/EAN: 9783743326958

Hergestellt in Europa, USA, Kanada, Australien, Japan

Cover: Foto ©ninafisch / pixelio.de

Manufactured and distributed by brebook publishing software (www.brebook.com)

Heinrich Jaques

Fünf Reden über Österreich und Wien

Fünf Reden
über
Österreich und Wien.

Von

Dr. Heinrich Jaques,
Reichsratsabgeordnetem für die innere Stadt Wien.

———

Mit einem Anhang: Über Wahlprüfungen.

Leipzig,
Verlag von Duncker & Humblot.
1891.

Vorwort.

Meinem anfangs 1888 in demselben Verlage (anonym) erschienenen Buche: „Österreichs Gegenwart und nächste Zukunft" war die Aufgabe gestellt, die im Jahre 1879 begonnene sogenannte Versöhnungsära nach möglichst vielen Richtungen hin zu charakterisieren. Die durch das Regierungssystem bis aufs äußerste verschärften alten, die durch dasselbe hervorgerufenen tiefgehenden neuen nationalen Kämpfe sollten gekennzeichnet, in dem Bereiche der Sprachen= frage, der Finanzen, der Socialpolitik die mit geringen Ausnahmen verunglückten Leistungen eingehender Darstellung unterzogen werden. Das Schlußergebnis des Überblickes über jene fast neunjährige Aktion ward in die Worte zusammengefaßt (S. 311): „Sie hat alle politischen Leiden= schaften bis zum Extreme gesteigert; sie hat alle jene nationalen Aspirationen entflammt, deren Ziele mit dem Bestande und mit der Zukunft Österreichs unvereinbar sind; sie hat auf dem sprachlichen Gebiete, somit in betreff einer der für den Staat vitalen Fragen chaotische Zustände geschaffen; sie hat auf socialem Gebiete völlig unerfüllbare Hoffnungen geweckt und genährt; sie hat auf dem finanziellen alle die Erwartungen getäuscht, welche sie selbst in solenner Weise hervorzurufen kein Bedenken getragen hatte." Des weiteren wurde als die unerschütterliche Überzeugung des Verfassers ausgesprochen (Vorrede): daß die Versöhnungs= ära „in zwar langsamem aber unaufhaltsamem Niedergange begriffen sei". Als naheliegendste Eventualität wurde sohin die bezeichnet (S. 315), daß zu= nächst „noch unter der Führung des derzeitigen Ministerpräsidenten[1] nach Ausscheidung der sla= visch=föderalistischen Elemente und ihres Anhanges der Regierung jener einheitliche Charakter gegeben würde, welcher sich in dem Beamtentume der älteren Schule noch heute verkörpert". Endlich wurde (S. 316) für „die Eventualität der Reichsratsauflösung und die Er= zielung einer anders gearteten Mehrheit, als es die heutige ist, eingehendste Erwägung" gefordert.

Drei Jahre Zeit haben genügt, um nahezu alles dies der Verwirklichung zuzuführen.

Im engsten Zusammenhange mit jener Darstellung

---

[1] Eine damals von politischen Gesinnungsgenossen des Autors vielfach beanstandete Perspektive.

stehen die fünf Reden, welche, während der Reichsrats=
wahlbewegung im Februar und anfangs März 1891 in
Wien gehalten, nunmehr der Öffentlichkeit übergeben werden.
Der Hauptinhalt der ersten vier läßt sich in folgendes
wenige zusammenfassen: wie und weshalb es die unver=
brüchliche Pflicht eines freiheitlich gesinnten österreichischen
Abgeordneten habe sein müssen, durch die verflossenen bei=
nahe zwölf Jahre der Opposition anzugehören; wie in
dieser Zeit alles Bemühen und alle Thätigkeit des ein=
zelnen zu völliger Fruchtlosigkeit verurteilt gewesen sei;
wie auf dem gesamten Gebiete der Gesetzgebung, insbesondere
aber der Justiz= und der Socialgesetzgebung, die äußerste
Dürftigkeit und Stagnation geherrscht habe; wie angesichts
der alten und der innerhalb einzelner Nationalitäten ganz neu
entstandenen Gegensätze das g e s a m t s t a a t l i c h e Bewußtsein
der Völkerstämme in Österreich mehr und mehr geschwächt
und zum Abbröckeln gebracht, zugleich ein immer zu=
nehmendes Sinken des öffentlichen b. h. des politischen und
des sittlichen Geistes der cisleithanischen Bevölkerung über=
haupt und der Reichshauptstadt Wien insbesondere herbei=
geführt worden sei; wie endlich die Klassen= und die
Rassengegensätze eine für das Gesamtwohl gefährliche Höhe
erreicht hätten. Die fünfte Rede hat zum Gegenstande:
die durch die veränderte politische Lage sich voraussichtlich
ergebende Neugruppierung der Parteien, deren Verhältnis

zur Regierung, sowie die nächsten Aufgaben des neugewählten Reichsrats. Der den Anhang bildende Vortrag endlich soll zu den in meiner 1885 erschienenen Schrift „Über die Wahlprüfung" enthaltenen Lehren praktische Illustrationen aus der letzten zwölfjährigen Thätigkeit des österreichischen Abgeordnetenhauses darbieten. Wenn nun die Erheblichkeit der erörterten Fragen an sich die Veröffentlichung vielleicht schon rechtfertigen dürfte, so liegt ein weiteres Moment der Rechtfertigung wohl in dem Umstande, daß zur Zeit der Abhaltung der Reden die Fülle des Stoffes es den öffentlichen Blättern unmöglich gemacht hatte, mehr als nur dürftige Auszüge aus denselben aufzunehmen.

Das wesentlichste Problem der Gegenwart und nächsten Zukunft ist nun, in welcher Weise die große liberale deutsche Partei angesichts der neuen Gestaltung der Dinge ihr Verhalten einrichten, ob und inwieweit sie den nunmehr zu erfüllenden Aufgaben sich gewachsen zeigen, ob endlich volle geistige Klarheit und Sicherheit in betreff der Ziele und der zur Erreichung derselben anzuwendenden Mittel bei ihr die Herrschaft behaupten werde. Zwar, was die Ziele anbelangt, so liegt ihre politische und man darf wohl sagen ihre geschichtliche Mission in Österreich zu klar zu Tage, als daß in dieser Beziehung auch nur der leiseste Zweifel bestehen könnte. Das Ziel ist: die Herbeiführung des umfassendsten nationalen, freiheitlichen, wirtschaftlichen geistigen und sittlichen Gedeihens der Bevölkerung des Kaiserstaates. Eingehenderer Erwägung bedarf die Wahl der Mittel. Es giebt ein geistreiches französisches Wort, das da lautet: l'art c'est le courage. Ich möchte an dessen Stelle ein vielleicht tieferes setzen: la politique c'est le courage. Die deutsche liberale Partei bedarf vor allem des Mannesmutes, um sich von ihren großen nationalen und kulturellen Zielen nichts abdingen zu lassen. Sie bedarf des Mannesmutes, um der Entfaltung der Nationalitäten jeden möglichen Spielraum zu belassen, insoweit nicht die staatseinheitliche Führung des Ganzen und seine Kulturzwecke hier gewisse mit äußerster Sorgsamkeit zu wägende Einschränkungen erfordern. Sie bedarf des Mannesmutes, um alles Maßlose und Unpatriotische, trage es nun das Gewand des Deutschnationalen (Antisemitismus im Kostüm) oder des offenen Antisemitismus (ohne Kostüm), energisch von sich fernzuhalten. Sie bedarf des Mannesmutes, um, durch Verdächtigungen unbeirrt, nach Regierungsfähigkeit zu streben, um sich andererseits aber auch durch die Verlockungen der Macht und der Ministerportefeuilles von der geraden Bahn nicht um Haaresbreite ablenken zu lassen. Sie bedarf endlich des mit Klugheit gepaarten Mannesmutes, um zu Kompromissen oder Koalitionen jederzeit bereit zu sein, ohne doch jemals sich selbst und den großen Prinzipien, auf welchen ihre politische Bedeutung beruht und welche ihr gleichsam die Weihe verleihen, auch nur im allerentferntesten ungetreu zu werden.

Die Partei hat gelernt durch frühere gefahrvolle eigene Fehler, und sie wird hoffentlich aufs neue lernen durch jenes erschütternde Beispiel in Böhmen, wo eine große und während langer Jahre mächtige und verdienstvolle Schar nationaler Politiker denn doch hauptsächlich deshalb den traurigen politischen Tod über sich ergehen lassen muß, weil sie durch die Versuchungen opportunistischer Parteitaktik irregeleitet, jenen Bund mit dem Feudalismus und dem Klerikalismus geschlossen hatte, von dem sich die czechische Bevölkerung nunmehr mit Widerwillen abgewendet hat. Die deutsche liberale Partei muß die Fahne, welche sie in zwölfjährigen schweren politischen Kämpfen fleckenlos vor sich hergetragen, auch fernerhin rein zu erhalten wissen vom Staub und Schmutz des Opportunismus oder ehrsüchtiger Aspirationen. Sie muß diese Fahne hochhalten als Sr. Majestät allergetreueste Regierungspartei, wenn es sein kann; und als Sr. Majestät allergetreueste und darum niemals faktiöse Opposition, wenn es sein muß.

Moritz von Kaiserfeld hat einst in der „vertrauenslosen Ungeduld" der leitenden österreichischen Staatsmänner die Unsegen spendende Quelle der immer wiederkehrenden Systemwechsel zu erkennen geglaubt. Ungeduld ist auch heute eine Gefahr Vertrauenslosigkeit nach den Erlebnissen der letzten zwölf Jahre oberste Pflicht. Die Losung der großen deutschen liberalen Partei für die nächste Zeit wird zu lauten haben: **vertrauenslose Geduld**.

Wien, am 43. Jahrestage der Verkündigung des Konstitutionalismus in Österreich.

Der Verfasser.

Inhaltsverzeichnis.

                                                                            Seite.

     Vorwort . . . . III—IX
- I. Die Pflichten eines österreichischen Abgeordneten 1
- II. Ein Rechenschaftsbericht 19
- III. Zwölf fruchtlose Jahre 28
- IV. Wien einst und jetzt 38
- V. Die nächste Zukunft 48
- Anhang. Ein Vortrag über Wahlprüfungen 61

I.*

Ich habe mir die Aufgabe gestellt, Ihnen ein allerdings nur flüchtig hingeworfenes Bild unserer politischen Thätigkeit im Laufe der letzten zwölf Jahre zu entrollen und darzustellen, welche unsere Ziele und Absichten waren, welche sie haben sein müssen.

Die Frage: was sind denn die Pflichten eines Abgeordneten? fällt, wenn man auf die Vergangenheit einen Rückblick wirft, der ja eigentlich auch ein Ausblick in die Zukunft ist, zusammen mit der anderen Frage: mußten die österreichischen liberalen Abgeordneten eine Oppositionspartei bilden oder konnten sie eine Regierungspartei sein? Ich glaube nun, daß es die dringende Pflicht eines österreichischen liberalen Abgeordneten hat sein müssen — das ist meine und die Überzeugung der gesamten deutschliberalen Partei in Österreich — die bisherige Thätigkeit der Regierung nicht nur nicht zu unterstützen, sondern ihr Opposition zu machen. Wenn Sie mit mir auf diese zwölf

---

* Gehalten im Verein „Union" am 7. Februar 1891.

Jahre zurückschauen und einerseits die Stellung der Regierung selbst, andererseits die Parteigruppierung im Abgeordnetenhause überblicken, so werden Sie mir beistimmen. Sie werden zunächst zugeben, daß wir alle, die wir zwölf Jahre lang in den Reihen der Linken gekämpft und gestritten, keine Heißsporne und auch nicht so junge Männer mehr sind, daß uns das Oppositionmachen an sich besonderes Vergnügen hätte bereiten können. Wir wissen ja auch ferner, daß jeder Widerstand gegenüber einer Regierung und insbesondere gegenüber den großen Machtmitteln einer österreichischen Regierung mit großen Opfern verbunden ist, ja daß derselbe mannigfache Selbstverleugnung auferlegt. Aber wir mußten es trotzdem als unsere heiligste patriotische Pflicht ansehen, dieser Regierung Opposition zu machen, und ich werde mir nun erlauben zu sagen, weshalb.

Ich möchte es unterlassen von den mannigfachen Fehlern zu sprechen, welche in den letzten paar Jahren, ehe die heutige Regierung ans Ruder trat, unsererseits begangen worden waren. Es thut innerlich am meisten wehe, wenn diejenigen Fehlgriffe begehen, denen man sich in betreff der Hauptprinzipien vollständig verwandt fühlt. Thatsache ist aber, daß in dem Momente, als die heutige Regierung begründet wurde, sie den Charakter der Deutschfeindlichkeit an sich zu tragen begann. Demgegenüber hatten wir uns schon vor allem als erste Frage die zu stellen: Dürfen wir überhaupt eine deutsch-feindliche Regierung unterstützen? Aber das war nicht das Einzige. Es war auch vom ersten Momente an ein unbürgerlicher Zug in dieser Regierung, ein dem bürgerlichen Mittelstand feindseliger aristokratischer Zug; alle aristokratischen Elemente wurden in den verschiedenen Ministerien, in den verschiedensten Lebensstellungen, in den beiden Häusern des Reichsrates, mit einem Worte überall begünstigt, und das eigentliche bürgerliche Element, das wir alle repräsentieren, wurde zurückgedrängt. Die Regierung hat freilich nach außen hin so gehandelt, als ob sie namentlich die untersten Klassen, und diese wieder gerade im Gegensatze zu dem, was wir Bürgertum zu nennen gewohnt sind, besonders fördern wolle. Aber ich brauche Ihnen nur einen der Hauptnamen zu nennen von jenen, welche diese Protektion der unteren Klassen, der Arbeiterbevölkerung, des Kleingewerbestandes u. s. w. als ihre Aufgabe bezeichnet haben, und Sie werden sehen, wie wenig innerlich wahr, wie wenig redlich diese scheinbare Begünstigung sich dargestellt hat.

Da haben Sie gleich den sehr verehrlichen, hocharistokratischen Prinzen Alois Liechtenstein, der heute wieder als Kandidat erscheint und der die sociale Bewegung schon damals patronisiert hat. Wie haben die Herren nun die Sache in Angriff genommen? Sie haben gleich in der ersten Zeit eine Enquete veranlaßt, in der alle möglichen socialdemokratischen Parteimänner, Arbeiter u. s. w., bis zum äußersten Extrem der Kollektivismus, ihre Ansichten darstellen sollten. Ein praktischer Erfolg ist daraus nicht hervorgegangen; etwas, was die Arbeiter wirklich gefördert hätte, ist von dieser Regierung und von jenen, die als Repräsentanten, als Paladine des kirchlichen Socialismus erschienen sind, nicht im allerentferntesten vollbracht worden. Man hat dagegen eine Menge von neuen Fideikommissen geschaffen, hat eine Menge von kleinen Bauerngütern durch Neubildung oder Erweiterung von Fideikommissen aufsaugen lassen. Der kleine Grundbesitz, der für einen wohlhabenden Bauernstand die Grundlage bildet, ist gemindert und geschwächt worden. Ist das vielleicht eine Unterstützung des Bauernstandes? Weiter. Wie war es mit den Arbeitern? Sie werden mir zugeben, daß Unfall= und Krankenversicherungsgesetze relativ recht kleine Dinge sind. Was ist denn aber die wichtigste Mitgift für den Arbeiter im Kampf ums Dasein? Doch offenbar seine geistige Hebung durch die Volksbildung. Und gerade jene Herren haben während der ganzen Dauer der zwei Reichsratssessionen nichts wichtigeres zu thun gehabt als immer wieder darnach zu trachten, den Schulunterricht herabzusetzen, zu reduzieren, aus der acht=jährigen eine sechsjährige Schulpflicht zu machen und die Schule mehr und mehr in die Hände des Klerus zu liefern, damit dieser in der Lage sei, eine ungebildete Arbeiterbevölkerung am Gängelbande zu führen.

Wir sagen aufrichtig und ohne Rückhalt: all das ist Verlogenheit. Wenn man den Arbeiterstand in dem schweren Kampfe, den das heutige Leben gebietet, befähigen will, sich zu behaupten, so muß man ihm vor allem eine auf breiterer Grundlage beruhende Bildung geben. Wer aber an der Herabsetzung des Bildungsniveaus und an der Verdummung arbeitet, der ist nimmermehr ein wahrer Freund des Arbeiterstandes.

Wie hat man es ferner mit der finanziellen Stellung der unteren Klassen gehalten? Man hat, anstatt eine progressive Einkommensteuer einzuführen und dadurch die Besitzenden nach Maßgabe ihres größeren Besitzes mehr und mehr zur Tragung der Steuern heranzuziehen, das Petroleum, das Licht der Armen, hoch besteuert, hat den Kaffee mit hohen Zöllen belegt, kurz man hat die elementarsten Bedürfnisse der untersten Schichten der Bevölkerung verteuert.

Man hat also die Arbeiter geistig und materiell geschädigt. Ist es dann etwas anderes als Verlogenheit, wenn man sich als Schutzpatron der unteren Klassen der Bevölkerung gerieren will? Wir unsrerseits haben es redlich gemeint mit der Hebung der unteren Klassen der Bevölkerung. Deshalb dulbeten wir keine Herabsetzung des Bildungsniveaus; und deshalb hat die deutschliberale Partei einen Antrag auf Errichtung von Arbeiterkammern eingebracht, durch dessen Verwirklichung die Arbeiter im österreichischen Parlament eine Vertretung erhalten hätten. Das aber ist um so gerechtfertigter, als solange wir das System der Interessenvertretung haben, solange die Städte, das Land, der Großgrundbesitz, die Handels- und Gewerbekammern als solche, im Abgeordnetenhause vertreten sind, es nicht allein unrichtig, sondern auch im höchsten Grade inkonsequent, ungerecht und inhuman ist, der Arbeiterbevölkerung gar keine Vertretung zu geben. Aber nachdem dieser Antrag von uns eingebracht war — ich selbst hatte schon über ein Jahr vor der Einbringung den Gegenstand im „Fortschrittsvereine" in Anregung gebracht — da hat die arbeiterfreundliche Majorität und die arbeiterfreundliche Regierung, ich kann Ihnen gar nicht sagen, mit welchen künstlichen und raffinierten Mitteln dahin getrachtet, den Antrag nicht zum Gesetz werden zu lassen. Ich meine: die Logik ist denn doch sehr einfach; wenn man den Arbeiterstand in seiner Bildung herabsetzt, ihn in seinen materiellen Lebensinteressen schädigt, ihm endlich keine Vertretung gewährt, so darf man nicht sagen, daß man ein Förderer der unteren Klassen der Bevölkerung sein wolle.

Einer solchen Politik gegenüber konnte es für uns

keinen anderen Weg als den geben, in der Opposition zu beharren.

Man sagte weiters, es müsse dem Kleingewerbestande geholfen werden; hat man aber darnach gehandelt? Nein! Man hat lediglich vergebliche Hoffnungen erweckt. Wohl aber hat man angefangen, gegen die Juden loszuziehen, indem man herausfand, daß dieselben mit ihren angeblich großen Kapitalien die immerwährenden Gegner des kleinen Kapitals und Gewerbestandes sein sollten. Man hat mit all dem im Laufe der letzten zwölf Jahre den öffentlichen Geist in Österreich immer mehr zum Sinken gebracht und korrumpiert; man hat die Bevölkerung auf ein tieferes geistiges und auf ein tieferes sittliches Niveau heruntergedrückt. Das ist eine sehr ernste Sache. Ich sage dies aus meiner innersten Überzeugung, und nicht etwa bloß deshalb, weil die Leute, die sich Antisemiten nennen, gegen eine ganze Konfession einen unberechtigten, traurigen und ordinären Kampf führen, sondern weil man die Bevölkerung auf solchem Wege fort und fort an Anschauungen gewöhnt, die sie auf eine niedrigere Stufe stellen, sie zu unsittlicher Auffassung des Lebens führen. Daraus erklären sich die traurigen Erscheinungen, die Sie tagtäglich im Gemeinderate erleben, die Brutalität und die Ignoranz, die z. B. bei der Debatte über Groß=Wien Bacchanalien feierten, indem man lediglich deshalb dem Gesetze opponierte, weil man von der Anschauung ausging, es könnte unter der Einwirkung desselben möglicherweise auch eine Anzahl Juden Geschäfte machen und dabei Geld verdienen. Alles dies ist mit ein Verschulden der Regierung, die wir seit zwölf Jahren bekämpft haben.

Ich habe keinen Grund, das zu verschweigen, auch heute nicht. Ich spreche es offen aus: nur die laute oder stillschweigende Unterstützung der Regierung hat es verschuldet, daß bei den letzten Gemeinderats- und Landtagswahlen die Antisemiten so viele Siege errungen haben.

Die Landtagswahlen hätten unmöglich einen solchen Ausgang nehmen können, wenn die Regierung nicht zugelassen hätte, daß die kleinen Beamten im Zoll-, Rechnungs-, im Postwesen u. s. f. gegen alles, was mit dem Kapital zusammenhängt, unter der bequemen Formel der Anfeindung des Judentums auftraten. Und wenn die Regierung, die jetzt eine Wendung gemacht hat, denselben Weg noch fernerhin einschlägt, dann erleben wir auch heute wieder, obwohl sie selbst ja bei Groß-Wien vollauf empfunden hat, welche Gefahr im Antisemitismus für sie liegt, überwiegend antisemitische Wahlen in Wien. Kann angesichts alles dessen ein unbefangen Denkender glauben, daß eine Regierung, sei es welche immer, mit der Unterstützung jener antisemitischen Gesellschaft zu einem für das Gesamtwohl gedeihlichen Resultat gelangen könne? Muß es nicht jedem Denkenden klar sein, daß der Antisemitismus nichts anderes ist als eine verkappte Formel für den Haß und die Abneigung gegen alles, was in Bezug auf Kapital und Intelligenz hervorragt? Man hat diese Anschauungen eben nur in eine bequeme allgemeine Formel eingekleidet, indem man an die jahrhundertealte Überlieferung des Judenhasses anknüpfen konnte.

Fassen Sie nun all das zusammen: Deutschfeindlichkeit, Unbürgerlichkeit, scheinbare Unterstützung des Gewerbe= standes, scheinbare Unterstützung der Arbeiter, Hervorrufen oder doch Fördern des Antisemitismus in seiner ganzen Brutalität und Staatsfeindlichkeit, — so werden Sie es be= greiflich finden, daß die liberal denkenden deutschösterreich= schen Abgeordneten dieser Regierung, wenn auch mit schweren Opfern und großer Selbstverleugnung, durch viele Jahre haben Opposition machen müssen.

Mit der Aktion auf einem einzigen Gebiete befanden wir uns in Übereinstimmung. Es war dies die äußere Politik, insbesondere die Herbeiführung des Bündnisses mit Deutschland und Italien und die dadurch hergestellte Bürg= schaft für die Aufrechterhaltung des Friedens und der Civilisation gegenüber Rußland und dem ihm heute be= freundeten Frankreich. Diese Politik — nicht unserer cis= leithanischen Regierung, sondern der Minister Andrassy und Kalnoky — haben wir mit freudigem Herzen unterstützt.

Und nach all dem lassen Sie mich das gegebene Bild dadurch vervollständigen, daß ich Ihnen die Parteigestaltung im österreichischen Abgeordnetenhause schildere. Denken wir uns, wir wären im Hause und übersähen die fächerartige Gruppierung von rechts nach links. Wir haben im letzten Abgeordnetenhause zehn Klubs gehabt, welche das Spiegel= bild der verschiedenen politischen und nationalen Gesinnungen der österreichischen Bevölkerung darstellten. Fangen wir mit dem Centrum an, so finden wir die Grafen Hohen= wart und Brandis mit den Südländern und den Klerikalen, welche, wie erwähnt, fort und fort thätig waren, die auf freisinniger Grundlage errichtete Schule zu vernichten und sie in die Hände der Geistlichkeit zu überliefern. Das war eine durch die Persönlichkeiten, die ihr angehörten, und durch die Wichtigkeit des Klerus achtunggebietende und bedeutungsvolle Partei; doch besaß sie bloß fünfzig Mitglieder und hätte allein nicht sehr viel ausrichten können.

Gehen wir weiter nach rechts, so finden wir die um etwas zahlreichere Gruppe der Czechen, der Altczechen; im nächsten Reichsrate wird diese Gruppe wahrscheinlich anders aussehen. Diese altczechische Partei wollte be= kanntlich von unserer Verfassung nichts wissen, sondern an ihre Stelle das antiquierte, heutzutage praktisch völlig unbrauchbare czechische Staatsrecht setzen. Noch weiter rechts saßen die Polen, welche, nachdem sie durch die Ministerien aus der liberalen deutschen Partei vollkommene Selbständigkeit ihrer Verwaltung errungen hatten, keine anderen Wünsche hegten, als noch mehr Autonomie zu erlangen, noch selbständiger zu werden und den Deutschen, soweit sie konnten, feindlich gegenüberzutreten.

Wenn Sie nun noch die kleine Gruppe der Slovenen hinzurechnen, die in ihrem Gebiete eine Sprache reden, die man bei Gericht und in der Verwaltung gar nicht handhaben kann, welche aber ein Groß-Slovenien errichten wollen, so haben Sie alle Parteien, auf die sich die Regierung seit zwölf Jahren stützt, beisammen. Wie war nun mit dieser Kombination von Parteien zu regieren? Jede einzelne war schwach, in ihrer Koalition waren sie stark. Keine durfte aus der Vereinigung heraustreten, weil sonst die Majorität zerbrochen worden wäre; die Regierung aber mußte jeder einzelnen Konzessionen gewähren, weil sie sie sonst nicht in der Verbindung erhalten haben würde. Keine von diesen Parteien hat das Wohl des österreichischen Gesamt-Vaterlandes im Auge gehabt, sondern was sie anstrebten, das war: das Wohl Galiziens, das Böhmens, das eines künftigen Groß-Sloveniens und das des Ultramontanismus.

Demgegenüber war natürlich die Stellung der Regierung eine schwierige und sie mußte während der ganzen zwölf Jahre ein Schaukel=System einhalten, indem sie sich bald auf die, bald auf jene Seite neigte und nationale Zu= geständnisse machte, auf die Gefahr hin, daß dadurch das Wohl des Ganzen wesentlich gefährdet würde.

Das war das Bild der Majorität, und nun das der Minorität! Wir waren 110 Abgeordnete, die ein fest= geschlossenes einheitliches Ganze darstellten, die den öster= reichischen Staatsgedanken stets hochhielten und die Ent= wicklung der geistigen, ethischen und wirtschaftlichen Kräfte aller Volksstämme wollten. Wir hatten nicht bloß mit der Regierung und den angegebenen Gruppen, sondern auch mit Parteien weiter links schwierige Kämpfe zu be= stehen. Da war zunächst die „Deutsch=nationale Ver= einigung", bestehend aus achtzehn Mitgliedern, welche, weil sie zum großen Teile wenig bedeuteten, nur dadurch größeres Gewicht in Anspruch nehmen konnten, daß sie eine selbständige Stellung einnahmen und die extrem deutsch=nationale Richtung einschlugen. Noch mehr links saßen endlich jene Männer, ursprünglich unter der Führung Schönerers, die über Österreich zur Tagesordnung über= gehen, fortwährend Bismarck im Munde führen, nach Deutschland hinüberschielen, und meinen, das große Deutsche Reich sei eigentlich berufen, Österreich eines schönen Tages in sich aufzunehmen. Endlich gab es noch einen Flügel und zwar Antisemiten vom Schlage des Dr. Lueger, die nur die Aufgabe hatten, uns und dem Liberalismus tagtäglich einen Pfahl ins Fleisch zu treiben, uns zu beschimpfen und zu verhöhnen, die aber immer bereit waren, mit der Regierung zu paktieren, jedoch nur unter vier Augen, damit die Leute es nicht merken.

Aus alledem erklärt sich das fortwährende Veräußern der verschiedenen staatlichen Güter zu Gunsten einzelner Nationalitäten, um die Majorität aufrechtzuerhalten, so daß der verehrte Abgeordnete Graf Coronini bekanntlich einmal mit vollstem Rechte das Abgeordnetenhaus einen luogo di traffico genannt hat.

Ich glaube, daß damit der Weg, den wir zu gehen hatten, klar und bestimmt gegeben war. Daß wir aber, trotz alledem was wir an vergeblichen Kämpfen während der zwölf Jahre durchzumachen hatten, auf der richtigen Fährte waren, das beweist die neueste Gestaltung der Dinge. Welches ist nunmehr das Ende aller dieser kleinen Geschäfte, durch die so viel hintangegeben wurde, was dem Reiche hätte erhalten werden sollen? Nichts, als daß man endlich die Notwendigkeit erkannt hat, anstatt, wie der gewesene Finanzminister einst geäußert hat, ohne die Deutschen zu regieren, mit denselben regieren zu müssen. Wenn ich sage: mit den Deutschen regieren, so liegt mir wahrhaftig nichts ferner als der Gedanke, daß die Deutschen als Nationalität sich etwa ebenso in den Vordergrund stellen sollten, wie es die Czechen und Polen und zwar auf Kosten des gesamten Österreich gethan; denn wir verstehen unter der Geltung des deutschen Wesens in Österreich nur das Hochhalten des österreichischen Staatsgedankens: dabei das Bestreben, die Nationalitäten mit der Zeit wirklich zu versöhnen, unter milder Führung durch die kulturell entwickeltste unter den österreichischen Nationalitäten.

Das ist die heutige Situation. Man hat schon vor einem Jahre eingesehen, daß die Versöhnungspolitik, die die Regierung auf ihr Programm gestellt hatte, nichts anderes sei als eine Kampfpolitik gegenüber den Deutschen, die zu Ende gehen müsse, wenn die übermäßigen Forderungen der Nationalitäten sich nicht mehr befriedigen lassen Als dann das Wegdrängen der Altczechen durch die Jungczechen zu Tage trat, da erschien der Versuch unerläßlich, Czechen und Deutschböhmen unter einen Hut zu bringen. Da fing man denn an, den sogenannten böhmischen Ausgleich in Angriff zu nehmen. Die Sache wurde jedoch sehr ungeschickt angefangen, indem man die kostbarste Zeit verstreichen ließ und dann das Anwachsen der jungczechischen Bewegung durch Polizeimaßregeln hintanzuhalten suchte. Die Regierung langte endlich sozusagen bei einem politischen Konkurse an und mußte noch zu Tode froh sein, daß innerhalb eines Jahres die beiden wenigst wichtigen

Ausgleichsgesetze zu stande kamen. So hat man also die gesamte zwölfjährige Politik aufgegeben, und so findet die erste Andeutung einer Annäherung an unsere Prinzipien statt, von der ich herzlichst wünsche, daß sie zur Wirklichkeit werde; die bisher vorliegenden Erklärungen sind aber so verschwommen und unklar, daß kein denkender Politiker bis jetzt an eine wirkliche Besserung glauben kann.

Sie überblicken somit — ich resümiere — die Pflichten eines österreichischen liberalen Abgeordneten in dieser Zeit. Und ich gestehe ganz offen: ich halte es nicht für möglich, daß bei den heutigen Zeitverhältnissen ein wirklich gebildeter Mann nicht liberal denken sollte. Alle großen Errungenschaften der Kultur seit Jahrhunderten beruhen auf dem Liberalismus; er hat die Menschen aus der Nacht des Mittelalters und des Stände- und Kastenwesens und der Bedrücktheit der einzelnen Klassen herausgerettet; er ist der Erlöser der Staaten geworden; er hat die Bevölkerung auf ein immer höheres Niveau zu erheben, er hat festzustellen gesucht, daß jeder im Staate auf ein menschenwürdiges Dasein Anspruch habe.

Und nunmehr ist noch die in letzter Zeit so oft aufgeworfene Frage zu erörtern, ob denn der Antisemitismus, dessen Wogen nun so hoch gehen, von unserer Partei mit genügender Energie bekämpft worden sei. Man befand sich hierbei in einer schwierigen Position; denn da der ganze Gegensatz der Konfessionen ein außerordentlich widerwärtiger ist, weil er auf der Verleugnung der Staatsgrundgesetze und der liberalen Prinzipien beruht, so hätte man ihn am liebsten ignoriert. Wenn also einer der antisemitischen Spektakelmacher sein ganzes Menü von Schimpfworten über die Juden zum Besten gab und sich in seiner ganzen sittlichen und geistigen Niedrigkeit zeigte, so schien es längere Zeit hindurch unserer Partei am besten, das nicht zu beachten. Ich habe immer bezweifelt, daß dies das Richtige sei; ich bin bereit anzuerkennen, daß, wenn man früh angefangen hätte, dem Antisemitismus entgegenzutreten, man besser gethan haben würde. Aber ich kann Sie aufrichtig versichern und ich könnte Ihnen das aktenmäßig nachweisen, daß dem die strenge Parteidisciplin entgegenstand. Nicht daß etwa die Partei sich auch nur im geringsten dem Antisemitismus zuneigte, aber sie hatte sich der trügerischen Hoffnung hingegeben, daß die Sache, wenn man sie ignoriert, im Sande verlaufen werde. Ich selbst habe bei jedem geeigneten Anlasse meine Stimme erhoben.

Ich bitte ferner aber auch gütigst zu bedenken, daß es noch eine andere Art giebt, den Antisemitismus wirksam zu bekämpfen, als das Halten kräftiger, energischer Reden.

Man kann dem Antisemitismus nicht nur durch das, was man sagt, entgegentreten, sondern auch durch das, was man in seinem eigenen politischen Leben ist und thut. Wenn man ohne Unterlaß der großen Sache des Vaterlandes dient, wenn man nie irgendwelche persönliche Zwecke verfolgt, wenn man sogar unter Umständen materielle Vorteile von sich wirft, damit nicht einmal die Möglichkeit des Glaubens entstehe, man wolle noch etwas anderes als einzig und allein die Pflichten gegenüber Vaterland und Wählerschaft erfüllen, dann dient man der Sache der Freiheit und der Gleichberechtigung, auch wenn man selbst kein einziges Wort gegen den Antisemitismus sagen würde.

Ich eile zum Schlusse. Das Hauptziel, dem wir in Zukunft, wie bisher, zuzustreben haben werden, das ist, daß nach der langen „sternenlosen Nacht der Vergangenheit", die über Österreich heraufbeschworen worden ist, eine lichtere Zukunft komme, und daß unser Österreich endlich ein Dom der Freiheit, der Bildung und Wohlfahrt für alle Nationen werde; daß endlich eine Versöhnung zwischen denselben stattfinde, nicht durch ein Schaukelspiel und stete Gewährung von Koncessionen, sondern dadurch, daß alle insgesamt einer edleren Kultur zugeführt werden. Dann werden endlich alle zur Überzeugung kommen, daß es noch etwas Höheres giebt als den bloßen Kultus der Nationalität, und daß dieser Staat dazu berufen ist, das geschichtliche Beispiel dafür zu bieten, daß in Bildung, Freiheit und Kultur auch verschiedene Nationalitäten sich zu einem harmonischen Ganzen vereinigen lassen.

II.*

Es soll heute nicht der Gegenstand meiner Darstellung sein, Ihnen eine Skizze von den Aussichten und Absichten zu entwerfen, mit welchen unsere Partei in den neuen Reichsrat eintreten wird. Das soll vielmehr das Thema der am 2. März stattfindenden allgemeinen Wählerversammlung zu bilden haben[1]. Was ich heute beabsichtige, ist, Ihnen einen Rechenschaftsbericht im eigentlichen Sinne des Wortes zu erstatten, d. h. in großen Zügen ein Bild dessen zu geben, was ich erstrebt und versucht, seit das Vertrauen meiner teuern Mitbürger mich vor fast zwölf Jahren in das österreichische Abgeordnetenhaus entsendet hatte. Auch ein solches flüchtiges Bild wird ausreichen, die Politik dieser vergangenen Epoche zu kennzeichnen, aber auch weiter klarzustellen, wie sehr ein redlicher Politiker sich davor hüten muß, seinen Wählern weitreichende Versprechungen zu machen, solange er sich in der Minorität weiß oder

---

* Gehalten im Verein der „Fortschrittsfreunde" am 24. Febr. 1891.
[1] Vgl. V, S. 48.

nicht die Aussicht hat, seine Partei zur Majorität werden zu sehen. In der allerersten Rede, welche ich im Jahre 1879 bei der Adreßdebatte hielt, habe ich es ausgesprochen, was heute in so vielen Kandidatenreden zu lesen ist, daß, wenn die sich befehdenden Nationalitäten nicht einen Waffenstillstand — ich erinnerte damals an den Gottesfrieden, an die Treuga Dei des Mittelalters — miteinander abschlössen, in Österreich zu einer fruchtbaren Arbeit im wirtschaftlichen, im geistigen Interesse der Bevölkerung und auf dem Gebiete des Rechtslebens nicht würde gelangt werden können. Im damals bestandenen Fortschrittsklub stellte ich gleich nach Eröffnung des Reichsrats den Antrag auf Errichtung von Postsparkassen; es wurde mir aber nicht gestattet, ihn ins Haus zu bringen, weil durch dieselben angeblich den Gemeindesparkassen Konkurrenz gemacht werden würde. Dem damaligen anderen Klub unserer Partei, dem liberalen, ist es dann vorbehalten gewesen, den Antrag zu stellen und zur Verwirklichung zu bringen. Ich habe zunächst an dem Zustandekommen eines Wuchergesetzes als Referent des Subkomitees und im Hause den lebhaftesten Anteil genommen, weil ich — obgleich ursprünglich von den wissenschaftlichen Grundsätzen der Benthamschen Schule ausgegangen — die Überzeugung gewonnen hatte, daß man in Österreich nicht umhin könne, den wirtschaftlich Schwachen vor Ausbeutung seiner Notlage zu schützen. Im Vereine mit dem unver-

geßlichen Kollegen Tomasczuk habe ich dann im Justiz-
ausschusse zu wiederholten Malen vergebens die Neubildung
oder Erweiterung von Fideikommissen hintanzuhalten
gesucht, am energischten dann, wenn mit derselben die
Aufsaugung von Bauerngütern und dadurch die Schwächung
des Bauernstandes — wie dies z. B. in Böhmen durch
den Fürsten Schwarzenberg geschah — verbunden gewesen ist. Für Arbeiterkammern und politische
Vertretung der Arbeiterschaft im Parlament war ich,
gerade heute vor sechs Jahren, schon in Ihrem Vereine eingetreten, etwa anderthalb Jahre, ehe unsere Partei den be-
züglichen Antrag im Abgeordnetenhause einbrachte. Ich
habe niemals die beispiellose Ungerechtigkeit verwinden
können, welche darin gelegen ist, daß beim Bestande der
Interessenvertretung Großgrundbesitz, Stadt, Land, Handels-
und Gewerbekammern in umfassendster Weise zur Geltung
kommen, das große sociale Interesse der Arbeiterschaft aber
nicht. Sie können sich kaum vorstellen, mit welchen Mitteln
dieser Antrag im Ausschusse, dem ich selbst angehörte, ver-
schleppt worden ist. Es ist gleich mit einer großen Enquete über die Arbeiterverhältnisse in den einzelnen
Kronländern begonnen worden, und was in Österreich
eine solche Enquete zu leisten vermag, wenn man etwas
nicht zu stande bringen will, das wissen wir wohl
alle.

Längst war ich von der Überzeugung erfüllt, daß die Entwickelung von Industriezweigen, welche in Österreich zu den bedeutendsten gehören, wie z. B. die Bier-, Branntwein- und Zuckerproduktion, durch das ungerechte, chicanöse und veraltete **Gefällsstrafgesetz** gehindert wird, ja daß diese Produktionszweige wie mit Schlingen und Fangeisen umgeben sind. Immer wieder bin ich auf die Beseitigung dieses Gesetzes zurückgekommen, habe auch den Weg der Reform ganz genau bezeichnet[1]. Vergebens.

Ich habe mich ferner dem Schicksale unserer **Beamten** zugewendet, welches nach so vielen Richtungen hin zu wünschen übrigläßt. Das Gesetz über die **Einschränkung der Exekution auf die Bezüge und Ruhegenüsse der Privatbeamten** ist aus meiner Initiative hervorgegangen und ist eines der wenigen, welche unsere Minorität hat zur Durchführung bringen können. Dagegen ist meine in beiden Sessionen eingebrachte und wiederholt urgierte Interpellation an das Gesamtministerium, welcher zufolge im Wege einer Gesetzesnovelle den körperlich exponierten Beamten, wie z. B. der Polizei, Post, der Eisenbahnen u. s. f., der volle Bezug ihrer Aktivitätsgenüsse schon nach 35 Jahren gesichert werden solle, trotz un-

---

[1] Vgl. auch meinen Vortrag: Die Reform des österrreichischen Gefälls-Strafgesetzes. Wien 1885.

zähliger Mahnungen sowohl im Privatverkehr als im Hause unbeantwortet geblieben. Es ist ein charakteristisches Zeichen für das Maß an Gerechtigkeit, auf welches öffentliches Wirken in Österreich hoffen darf, daß in der vom ersten allgemeinen österreichischen Beamtenvereine aus Anlaß seines fünfundzwanzigjährigen Jubiläums veröffentlichten umfassenden Denkschrift weder von jenem Gesetze noch von dieser Interpellation auch nur mit einem Worte Erwähnung geschieht.

Da ich für unsere aus dem Volke hervorgegangene und der Gesamtheit in entscheidenden Momenten das Höchste leistende **Armee** zu wirken als eine der wichtigsten patriotischen Pflichten erachte, habe ich mich immer wieder bemüht, auf die Beseitigung der gänzlich antiquierten, keine Bürgschaften für gerechte Urteile bietenden **Militärstrafprozeßordnung** hinzuwirken. Ich habe ferner zu zwei verschiedenen Malen auf Ausdehnung des ganz unvollständigen Gesetzes über die **Militär-Witwen- und Waisenpensionen** hingearbeitet. Die von mir gegen Ende der letzten Session beantragte Resolution ist auch vom ganzen Hause angenommen worden. In der Delegation von 1886 bin ich endlich, hier wieder leider vergebens, für die Verabreichung einer **Abendkost** an unsere braven Soldaten eingetreten.

Wir kommen nun auf die Gebiete des **öffentlichen**

Rechts und der Justizgesetzgebung. Die Kämpfe, welche ich in Bezug auf die Einsetzung eines **Wahlprüfungsgerichtshofes** im Hause zu führen hatte, sind Ihnen wohl ebenso bekannt[1] als die wegen meines Gesetzes **über die Entschädigung unschuldig Verurteilter**[2]. Das letztere habe ich zweimal im Hause durchgebracht; beidemal ist das Herrenhaus nicht mehr zur Beratung gekommen.

Auf das endliche Zustandekommen eines neuen **Strafgesetzes** und einer auf den Grundsätzen der Mündlichkeit, minder kostspieliger und alle Chicanen hintanhaltender Rechtspflege beruhenden Civilprozeßordnung habe ich, immer wieder hinweisend auf die Worte der kaiserlichen Thronrede von 1879, wonach Se. Majestät von dem Reichsrate die endliche Erledigung dieser dringend notwendigen Reformarbeiten gewärtigt hatte, fast in jeder der Reden, die ich alljährlich beim Justizbudget als Generalredner unserer Partei zu halten in der Lage war, hinzuwirken

---

[1] Vgl. meine Schrift: „Die Wahlprüfung in den modernen Staaten und ein Wahlprüfungsgerichtshof für Österreich". Wien 1885, Manz.

[2] Vgl. meine Referate und Reden auf den deutschen Juristentagen, meinen Vortrag über Justizmorde u. s. f., Augsburg 1882, Cotta, endlich die Aufsätze über die Entschädigung unschuldig Verurteilter in Deutschland und Österreich (Deutsche Rundschau, Leipziger Illustrierte Zeitung).

mich bemüht. Gegen die **Ausnahmsgesetze für Wien, Wiener Neustadt und Korneuburg**, welche keine andere Wirkung gehabt haben, als durch Arbeiterverhaftungen, Abschiebungen, Hintanhaltung von Arbeiterversammlungen den socialen Frieden zu gefährden und die socialdemokratischen Bestrebungen zu verschärfen, bin ich immer wieder zu Felde gezogen. Überblicken Sie das Ganze, so werden Sie über die beispiellose Unfruchtbarkeit dieser zwölf Jahre auf allen Gebieten des staatlichen Lebens keinen Zweifel mehr hegen können. Mein Freund Plener sagte einmal in einer oft citierten Budgetrede, die Finanzpolitik der Regierung habe nichts zu stande gebracht als die Petroleumsteuer und neue Staatsschulden. Ich habe mit gleichem Recht behaupten können, die Justiz- und Socialpolitik der zwölf Jahre habe nichts Erheblicheres zu Tage gefördert als **Ausnahmsgesetze und Fideikommisse**. Aber die Versöhnungspolitik hat doch noch mehr geleistet. Sie hat ganz neue Gegensätze geschaffen, und das, was man heute „die schärfere Tonart" nennt, das ist die Vollfrucht ihrer Aktion. Früher kannten wir die Gegensätze von Czechen und Deutschen, von Polen und Deutschen, etwa noch von Polen und Ruthenen: heute haben wir die Großmannssucht der Slovenen, die wilden Kämpfe der Alt- und Jungczechen, die Deutschnationalen, die sich gegen uns mit den Antisemiten verbünden; wir haben Klerikale der schärfsten

Tonart, wir haben die uns bekämpfende Socialdemokratie, wir haben den brutalen Fanatismus oder, wenn Sie wollen, die fanatische Brutalität der Antisemiten.

Daß ich den Antisemitismus im Abgeordnetenhause, so oft es nur irgend anging, auf das entschiedenste bekämpft habe und auch ferner bekämpfen werde, das bedarf keiner Worte. Und nun lassen Sie mich noch ein persönliches Moment hervorheben und dann schließen. Als ich im Jahre 1879 zum ersten Mal um ein Mandat warb, da äußerte ich, ich könne es gar nicht begreifen, wie jemand, welcher durch das Vertrauen seiner Mitbürger die Aufgabe erhalte, deren Interessen zu vertreten, je durch Verlockungen materieller oder welcher Art immer sich von der übernommenen Pflicht abwendig machen lassen könne. Was ich damals aussprach, wir haben es alle bewährt. Nie hat oder hätte eine Versuchung an uns herantreten können. Rein, wie ich das Mandat erhalten, lege ich, legt jeder meiner Parteigenossen es in Ihre Hände zurück. Und darum bedenken Sie auch diesmal, wenn Sie zur Wahl schreiten, wie die größte Gefahr bei strebsamen Politikern immer die ist, daß, wenn ihnen der Genuß der Macht winkt, sie — ich erinnere beispielsweise an Alexander Bach — der Volkssache untreu werden. Auch jetzt können gar leicht wieder ähnliche Verlockungen an uns herantreten. Da bedarf denn die Partei vor allem solcher Männer, deren politische Moral eine unerschütterliche ist, und welche nur eine einzige Hoffnung, nur ein einziges Ziel kennen: **die unverbrüchliche Erfüllung ihrer Pflichten gegen ihre Mitbürger und gegen das Vaterland**. —

III.*

Auch heute ist es nicht meine Absicht, mich mit den Fragen der Zukunft zu beschäftigen. Ich finde mich vielmehr aus zwei Gründen veranlaßt, den Rückblick, welchen ich vor wenig Tagen auf die verflossene beinahe zwölfjährige Epoche geworfen habe, zu erweitern, meine damalige Darstellung nach einigen Richtungen zu bereichern und zu vertiefen. Einerseits ist gewiß nichts geeigneter, das Auge für die Bedürfnisse der Gegenwart zu schärfen als eine klare und sichere Anschauung von dem, was in der Vergangenheit versäumt worden ist. Außerdem hat ein angesehenes Regierungsorgan, die „Presse", es am Platze gefunden, ganz in demselben gehässigen und achtungslosen Tone, welchen die Regierung durch zwölf Jahre uns Liberalen gegenüber anzuschlagen für gut erachtet hatte, meine neuliche Darstellung einer feindseligen, ich darf wohl hinzufügen grund- und haltlosen Kritik zu unterziehen. Sie behauptet schlankweg, ich habe meine Verdienste im Abgeordnetenhause höchst

---

* Gehalten am 27. Februar 1891 im „Wiener Bürgerverein".

unbescheiden in den Vordergrund gestellt, die Leistungen der Regierung aber einer schneidigen Kritik unterzogen und dabei, wie sie sich liebenswürdig — des guten Lessingschen Wortes: „Du hast unrecht, Freund, denn Du wirst grob" offenbar uneingedenk — ausdrückt, den „Unsinn" begangen, zu behaupten oder vielmehr eine seiner Zeit im Abgeordnetenhause gemachte Äußerung zu wiederholen: **die Justiz- und Socialpolitik der Regierung habe nichts Erheblicheres zu Tage gefördert als Ausnahmsgesetze und Fideikommisse.** Was nun zunächst die behauptete Unbescheidenheit betrifft, so wird jeder Teilnehmer jener Versammlung sich wohl daran erinnern, daß ich meine Darstellung mit den Worten einleitete, sie solle zugleich eine Warnung für jeden redlichen Abgeordneten sein, den Wählern keine weitreichenden Versprechungen zu machen, insolange er seine Partei in der Minorität wisse. Damit war also das gewiß nicht unbescheidene, vielmehr das demütige Bekenntnis abgelegt, daß ich zwar manches erstrebt und versucht, aber blutwenig zu stande zu bringen vermocht habe. Es ist nun aber weiter höchst charakteristisch, wahrzunehmen, was denn die berufs- oder vielleicht richtiger handwerksmäßigen Paladine der Regierung an gesetzgeberischen Leistungen derselben auf den beiden Gebieten anzuführen und mir entgegenzustellen wissen. Auf dem der Justizreformen in den beiden letzten Sessionen: Wuchergesetz, Anfechtungsgesetz, Exekutionsnovelle und „vieles andere". Was vor allem das Wuchergesetz betrifft, so weiß wohl jeder, daß dasselbe nichts anderes enthält als mit einigen Erweiterungen und einigen höchst bedenklichen Bestimmungen über die Rückwirkung dasjenige, was schon in dem Glaserschen Gesetz von 1877 für Galizien enthalten gewesen ist. Das Anfechtungsgesetz verdankt seine guten Bestimmungen im wesentlichen der deutschen Reichskonkursordnung; soweit es neu ist, giebt es bekanntlich in der Praxis zu den schwersten Bedenken Anlaß. Denn der Advokat selbst weiß in vielen Fällen seinem Klienten nicht mit Sicherheit anzugeben, was zu thun derselbe noch als zulässig ansehen dürfe und welche Handlung etwa schon als anfechtbar erscheinen kann. Vollends die Exekutionsnovelle. Dieselbe ist so mangelhaft, daß sie sehr bald wird reformiert werden müssen, wie denn auch schon bezügliche Anträge dem Hause vorlagen. Um sie zu charakterisieren, nur ein kleines drastisches Beispiel aus der Praxis. Ein Bauer stiehlt einem anderen dessen schöne Kuh. Dieser macht die Kriminalanzeige, jener wird wegen Diebstahls und außerdem zu 70 fl. Schadenersatz verurteilt, da er mittlerweile die gestohlene Kuh verkauft und eine andere angekauft hat. Als es nun zur Exekution wegen des dem Bestohlenen zuerkannten Schadenanspruchs kommt, kann die neugekaufte Kuh bei dem diebischen Bauer nicht der Exekution unterzogen werden, weil sie dessen einzige ist und weil man ihm diese laut der Exekutionsnovelle nicht wegnehmen darf! Zu diesen legislativen Leistungen kommt dem offiziösen Blatte zufolge noch „vieles andere". Man ist gewiß am besten beraten, wenn man sich unter diesem vielen anderen gar nichts denkt, denn es ist mehr als wahrscheinlich, daß der offiziöse Verfasser sich auch nichts dabei gedacht hat. Diesen drei Gesetzen, mit welchen jeder tüchtige Referent in einem Justizministerium binnen längstens drei Monaten fertig werden kann, steht Folgendes gegen= über, was in den zwölf Jahren an Reformen nicht zu stande gebracht worden: wir erhielten kein neues Straf= gesetz, keine neue Civilprozeßordnung, keine Reform der Konkursordnung, wie lange dieselbe auch schon ersehnt und erbeten ist, keine Reform des Militärstrafprozesses, des Ge= fällsstrafgesetzes, der antediluvianischen Polizeistrafgerichts= barkeit, keine Reform der Strafprozeßordnung und — last not least — keine des Preßverfahrens, insbesondere des objektiven Verfahrens in Preßsachen. Auch in dieser letzteren Richtung hatte ich, beiläufig bemerkt, schon im Jahre 1882 mit Unterstützung meiner gesamten Partei einen Gesetzentwurf eingebracht, welchem weitere Anträge im Ausschusse folgten[1]. Alles aber mußte ad acta gelegt werden, weil Minister Prazak uns auf Grund eines Ministerratsbeschlusses erklärt

---

[1] Vgl. meine Schrift: Grundlagen der Preßgesetzgebung. Leipzig 1874, Duncker & Humblot.

hatte, daß die Regierung derzeit jede Abänderung der Preß=
gesetzgebung ablehne. Wir haben uns dann mit einer Re=
solution begnügen müssen, welche die Beseitigung des ob=
jektiven Verfahrens und eine bezügliche Gesetzesnovelle er=
bittet. Daß in den fast neun Jahren hierin durch die Re=
gierung auch nichts geschehen ist, das wissen wir ja alle
zur Genüge. In Deutschland, welchem wir ja in unserer
Gesetzgebung jetzt so vielfach nachhinken, hat man in kaum
einem Decennium (bis 1879) folgende große Kodifikations=
werke zu stande gebracht: das Reichsstrafgesetz, die Reichs=
strafprozeßordnung, das Gerichtsverfassungsgesetz, die Civil=
prozeßordnung, die Konkursordnung, das Reichspreßgesetz,
und man hat seither bekanntlich schon die enormen Vorarbeiten
für ein neues bürgerliches Gesetzbuch fertiggestellt.

Es wird weiter von den Leistungen unserer Regierung
auf socialpolitischem Gebiet gesprochen und da para=
dieren denn insbesondere die Unfall= und Krankenversicherung,
Gewerbeinspektoren und Arbeiterordnung. Nun wird doch
wohl kein ernstlich denkender Socialpolitiker glauben, daß
mit dem „bißchen" den deutschen Gesetzen nachgebildeten
Unfall= und Krankenversicherungswesen zur Lösung der socialen
Frage Erheblicheres geleistet ist. Der Arbeiter muß erst
einen Betriebsunfall oder eine Krankheit erleiden, um die
staatliche Fürsorge, zudem dürftig genug, zu empfinden.
Solange er gesund ist und unverletzt, verteuert ihm unsere

Finanzgesetzgebung das Petroleum, den Zucker und den Kaffee, und unsere Ausnahmsgesetze bedrohen seine Freiheit, seinen Erwerb, seinen Wohnsitz. Zur socialen Verbitterung haben all diese Normen mehr beigetragen, als jene Versicherungsgesetze oder die im praktischen Leben fast undurchführbare Reduktion der Arbeitszeit jemals nützen können. Übrigens verlangt der Arbeiter, der heute unter der Einwirkung Schulze-Delitschscher, dann Marxscher und Lassallescher Lehren geistig herangereift ist, noch etwas mehr, als was ihm in materieller Beziehung bisher geboten werden konnte; er begehrt auch nach Association und nach politischer Vertretung seiner Interessen. Und dagegen hat die Regierung sich trotz unserer Initiative stets renitent verhalten. Man darf also dem Offiziösen wohl in aller Seelenruhe zurufen: Si tacuisses, philosophus mansisses. Allerdings scheinen aber diese Herren keine andere Philosophie zu kennen als die der Selbstüberhebung und der Anfeindung aller Liberalen. Schließlich wagt das offiziöse Journal auch noch die Behauptung, meine Angabe, ich habe den Antisemitismus bekämpft, entpreche der Wahrheit nicht. Thatsächlich bin ich dem Antisemitismus im offenen Hause mindestens dreimal auf das entschiedenste entgegengetreten, in welcher Beziehung ich nur auf meine Rede zum § 1 des die jüdische Gemeindeverfassung regelnden Gesetzes und auf wiederholte Äußerungen bei den Debatten über das Justizbudget hinweisen will.

Ich hob an letzterer Stelle insbesondere hervor, daß das Justizministerium den § 302 des Strafgesetzes zum toten Buchstaben mache, indem die Staatsanwaltschaften in der Besorgnis, keine verurteilenden Geschwornen finden zu können, alle Verhetzungen gegen Konfessionen anstandslos hingehen lassen. Ich meinte, man müsse selbst auf die Gefahr hin, anfangs Niederlagen zu erleiden, denn doch um des Rechtes und Gesetzes willen verfolgen; endlich würden die Wiener Geschwornen sich denn doch ihrer richterlichen Pflichten wieder bewußt werden. Bei solchen Antwürfen ist das sonderbarste, daß sie von Organen derselben Regierung erhoben werden, welche den Antisemitismus durch Konnivenz und durch Unterlassung jeder Einflußnahme auf die Wahlen bis zu seiner jetzigen schmutzigen Hochflut hat heransteigen lassen. Nie hat die Regierung ein Wort des Tadels oder der Abmahnung gegenüber dem Antisemitismus erschallen lassen; sie hat es mit Behagen hingenommen, wenn die Antisemiten mit vergifteten Pfeilen gegen uns schossen, wenn sie uns verhöhnten und begeiferten. Hätte man den täglichen Angriffen nicht in der Regel das Schweigen der Verachtung entgegengesetzt, so würde das Abgeordnetenhaus auf dasselbe Niveau herabgesunken sein wie der jetzige Wiener Gemeinderat und der jüngste niederösterreichische Landtag. Wodurch nun aber diese gänzliche Stagnation der Gesetzgebung auf den allerwichtigsten Gebieten des staat=

lichen Lebens naturnotwendig hat entstehen müssen, das sei nun noch an der Hand eines kleinen arithmetischen Rechenexempels bis zur vollsten Evidenz dargethan. Wir hatten im letzten Abgeordnetenhause zehn Klubs und außerdem siebenundzwanzig Wilde, worunter neun Antisemiten. Da man von diesen unberechenbaren Elementen bei der Zählung absehen kann, so standen sich gegenüber: der ultramontane Centrumsklub mit sechzehn Mitgliedern unter Graf Brandis, das rechte Centrum mit vierunddreißig unter Graf Hohenwart, der Cesky-Klub mit sechsundfünfzig unter Rieger und der Polen-Klub mit fünfundfünfzig unter Jaworski auf der einen Seite. Auf die drei Ruthenen, acht Jungczechen und sieben Italiener vom Klub Trentino war der Natur der Sache nach kein sicherer Verlaß. Es waren also 161 Mitglieder der Koalition auf seiten der Regierung. Ihnen gegenüber wir mit 110 Mitgliedern, und mit uns in der Mehrzahl der Fälle der Coroniniklub mit zwölf, die deutschnationale Vereinigung mit achtzehn; macht 140. Die Majorität von einundzwanzig, welche durch die früher angegebenen, zwar nicht uns, aber auch nicht der Koalition angehörigen Abgeordneten von Fall zu Fall sogar bedroht werden konnte, war also in der That, selbst von Urlaubs- und Krankheitsfällen abgesehen, eine wahrhaft „zitterige" Majorität. Die Regierung hatte sonach im Interesse ihrer Existenz nur eine Aufgabe: es war die, daß niemand aus den Reihen der koalierten Parteien ausspringe. Nun wurden die ultramontanen Heißsporne aus Tirol und Oberösterreich mehr und mehr untraitabel, weil man ihnen die Volksschule denn doch nicht ausliefern konnte; die Slovenen kamen mit ihren nationalen Begehren nicht vorwärts; die Polen wären ohne Entgegenkommen bei der Branntweinsteuer und der Grundentlastung auch nicht zu halten gewesen; und die Czechen drohten seit dem Gautschschen Mittelschulerlaß und seit dem Nachdrängen der in Böhmen immer populärer werdenden Jungczechen mit Meuterei. War die Regierung da nicht jeden Tag ihres Lebens unsicher und konnte sie an irgendwelche ruhige Gesetzgebungsarbeit auch nur denken? Das Entscheidende waren einzig und allein die Verhandlungen des Exekutivkomitees mit dem Ministerpräsidenten in dessen Zimmer im Abgeordnetenhause. Das war der Coroninische sogenannte „Luogo di traffico", die vielberühmte Marterkammer. Und als es endlich nun schließlich gar nicht mehr auszuhalten war, da erfolgten dann die böhmischen Ausgleichsverhandlungen und angesichts des traurigen Schicksals derselben die Auflösung des Hauses. Vor Jahren hat ein eminenter österreichischer Parlamentarier gegenüber den Kämpfen mit Ungarn der Regierung zugerufen, es gebe nur einen Ausweg: Selbsterkenntnis und Umkehr. Die Umkehr ist eingetreten, ob auch die Selbsterkenntnis, erscheint nach den jüngsten Emanationen der Regierungspresse noch fraglich. Hoffentlich wird auch sie nicht länger auf sich warten lassen. Ist ja doch die Versöhnungspolitik in ein Stadium gelangt, das als eine große legislative und politische Kriba bezeichnet werden muß!

IV.*

Es ist mir ein wahres Herzensbedürfnis, einmal die hohe Politik, von welcher ich morgen ohnehin wieder zu sprechen haben werde[1], ganz beiseite zu lassen und vor meinen Mitbürgern von und über meine geliebte Vaterstadt zu sprechen, von und über Wien. Niemand ist wohl in unserer Mitte, der, wenn in Wien geboren, nicht in seinem ganzen Denken und Fühlen mit dieser Stadt verwachsen wäre. Niemand, in dessen Brust nicht der heiße, wenn auch heute noch utopische Wunsch lebte, Wien möge zu einer Weltstadt im eigentlichsten Sinne des Wortes aufblühen, es möge fähig werden mit Paris und London zu konkurrieren und sich von Berlin nicht überflügeln zu lassen. Die Frage ist: trägt Wien dazu die Bedingungen, trägt es den Beruf dazu in sich? Darauf antwortet zunächst die Geschichte. Seit sechs Jahrhunderten, seit Rudolf von Habsburg hat Wien die schwersten Kämpfe durchzumachen gehabt — die

---

* Gehalten am 1. März 1891 im „Wiener demokratischen Wählerverein".

[1] Vergl. V, S. 48.

ehemaligen Basteien und Gräben um die innere Stadt aus den Tagen des Königs Ottokar, welche seit 1857 gefallen sind, die äußeren Linienwälle aus den Zeiten der Belagerungen durch Matthias Corvinus, welche nun fallen werden, legen Zeugniß davon ab. Und dennoch ist Wien, von kurzen Zwischenepochen abgesehen, immer in unaufhaltsamem Fortschreiten begriffen gewesen. Vier Invasionen hat es zu erleiden gehabt, zwei türkische und zwei napoleonische, und auch dadurch hat sein Aufsteigen nicht dauernd hintangehalten werden können. Mit allen Reizen der Natur geschmückt, an der Völkerscheide zwischen den Germanen und den Magyaren und Slaven gelegen, hat es von früh ab die große geschichtliche Aufgabe zu erfüllen gehabt, die Industrieprodukte des Westens auf der großen Wasserstraße der Donau nach dem Osten zu tragen, andererseits die Naturprodukte des Ostens und des Südens dem deutschen Norden und den westlichen Ländern zu vermitteln. Es war weiter berufen, die Völkerstämme, welche sich allmählich zur österreichisch-ungarischen Monarchie zusammenschlossen, in seiner Mitte friedlich zu vereinigen und durch das Zusammenwirken derselben auf allen Gebieten der Kultur, der Industrie, des Handels, der Kunst und der Wissenschaft in seinem Mikrokosmus das Bild dessen zu bieten, was wir für den Makrokosmus des Kaiserreiches, leider noch immer vergeblich, anstreben. Es war endlich bestimmt, durch seine herrliche bildende Kunst, welche mit dem Stephansdome begann und in den unsterblichen Werken der drei großen Toten Ferstel, Schmidt und Hansen eine würdige Fortsetzung erfahren hat, nicht minder durch seine Schöpfungen auf dem Gebiete der Plastik, Malerei und Musik ein leuchtendes Vorbild zu werden für die anderen Kronländer, wie Wien denn auch in der That eine der schönsten und anziehendsten Städte der Erde geworden ist. Seine Bevölkerung, ihrer ursprünglichen Anlage nach liebenswürdig, wohlwollend, intelligent, hat den sittlichen und geistigen Ernst des Nordens noch nicht ganz eingebüßt und hat zugleich die ganze Anmut des Südens behalten. Diese Bevölkerung ist aber auch zugleich patriotisch und kaisertreu gesinnt, wie sich dies nicht oft in solchem Maße wiederfindet. Feste, wie die aus Anlaß der silbernen Hochzeit unseres Kaisers, dann wieder eine Trauer, wie die nach den Ereignissen von 1866 und nach dem Hinscheiden unseres Kronprinzen, haben diese Bevölkerung in einem geradezu bewunderungswürdigen Lichte erscheinen lassen. Wie kommt es nun, angesichts dieser weltgeschichtlichen Bedeutung der Stadt und angesichts einer Begabung ihrer Bewohner, welche sie zum Trefflichsten zu befähigen scheint, wenn sie nur mit kräftigem Willen und zäher Ausdauer einsetzen, daß wir bei alldem ohne Unterlaß vom Niedergang Wiens reden hören, wie kommt's, daß Wien seit einer Reihe von

Jahren in der That zurückgegangen ist, und daß hie= durch eine Partei Gewicht und Geltung erlangen konnte, zu welchen sie weder durch ihre geistige Befähigung noch durch ihren moralischen Charakter auch nur die allerent= fernteste Berechtigung in Anspruch nehmen kann? Eine Reihe von wirtschaftlichen und von politischen Ereignissen hat das mit sich gebracht. Der beispiellosen Überproduktion und Überspekulation aus der Zeit vor 1873 war ein Zu= sammenkrachen gefolgt, das weithin nachgewirkt hat. Die zollpolitische Abschließung der Staaten, damit zugleich die immer weiter um sich greifende Konkurrenz der Nord= amerikanischen Union, haben enorme wirtschaftliche Nachteile mit sich gebracht; das Aufhören unserer Vertragsbeziehungen zu Rumänien hat dieselben auf das höchste gesteigert. Der Dualismus und die außerordentliche nationale Energie der ungarischen Staatsmänner hat uns auch hier in mannig= fachen Beziehungen einen schwer überwindlichen Konkurrenten entstehen lassen. Dazu kam, daß in der Regierung seit 1879 ein föderalistischer, ein undeutscher, unbürgerlicher und unwienerischer Zug gelegen war. Wien in seinen wirt= schaftlichen Schwierigkeiten behülflich zu sein, ist einer Re= gierung völlig ferngelegen, von der ein Mitglied sich als Gegner der großen Städte überhaupt bekannt hat. Der der Regierung zunächst stehende Adel, der czechische wie der polnische, hat zudem auch noch begonnen — wie schon früher der ungarische — nach seinen Kronlandshauptstädten zu gravitieren und die Zahl der Konsumenten in Wien zu verringern. Auf dieser Grundlage hat nun eine Anzahl von Strebern unter dem Zulauf und Beifall eines sich wirtschaftlich gedrückt fühlenden, zugleich einsichts- und bildungslosen Teiles der Bevölkerung unter der Firma der Förderung des Kleingewerbes einen Feldzug gegen alles Kapital und gegen alle Intelligenz eröffnen können. Eine Anzahl von Strebern: Advokaten, deren mäßiges Talent sie auf dem Wege ihrer ernsten Berufsübung nicht hätte zu größerer Geltung kommen lassen, Geschäftsleute verschiedener Gattung, die nicht genug redliche Arbeit darangesetzt haben, um es zu etwas zu bringen, oder die auch wohl gänzlich abgewirtschaftet hatten, das sind die Führer dieser Partei. Daß man sich die Juden zum Stichblatt ausgesucht hat, weil sie intelligente Geschäftskonkurrenten sind, das ist auch nichts Neues in der Geschichte. Schon im Mittelalter hat man, wenn irgendwo eine Hungersnot oder eine große Krankheit ausbrach, vor allem die Juden dafür verantwortlich gemacht und sie regelmäßig totgeschlagen. Der Antisemitismus ist aber nichts anderes als nur ein populäres und bequemes Aushängeschild: das Wesen der Partei ist der Antikapitalismus. Nun fragt es sich aber: was braucht denn eine große Stadt, um zu gedeihen, um zu prosperieren? Kapital und Intelligenz. Je mehr

Kapital, je mehr fachmännische Intelligenz, desto mehr Um=
satz, desto mehr Arbeit und Arbeitslohn, desto mehr Ver=
teilung materiellen Besitzes bis in die untersten Klassen.
Also auch desto mehr Wohlstand. Wodurch sind denn
London und Paris Weltstädte geworden als durch Kapital
und fachmännische Intelligenz? Wir brauchen uns auch
nur bei uns selbst umzusehen und Sie werden mir gewiß
zugeben, daß ein Lobmeyer, ein Thonet, ein Dittmar[1] für
den Wohlstand auch der untersten Klassen in Wien mehr
Wert haben als sämtliche Alois Liechtenstein, Lueger,
Schneider, Bergani, Vetter und Metzler miteinander. Für
diese Herren aber ist jeder Kapitalist, ja jeder größere
Industrielle verjudet, judenliberal, korrumpiert, jedes größere
Geschäftsetablissement ein Sitz, ein Herd der Korruption.
Die größte Aversion haben die Herren ferner gegen alles
Fachwissen. Selbst auf allen Gebieten halbwissende oder
gar nichts wissende Dilettanten, vergessen sie ganz, daß der
Dilettantismus, das Nichtsrechtverstehen und Alles=
verstehenwollen, ganz eigentlich jene sogenannte Pofel=
ware darstellt, jene Schmutzkonkurrenz, von welcher
sie behaupten, daß sie sie bekämpfen wollen. Gestatten
Sie mir, Ihnen hierüber ein drastisches Beispiel aus meiner
gerichtlichen Praxis zu geben. Ich habe vor Jahren den

---

[1] ausgezeichnete Möbel=, Glas= und Lampenfabrikanten.

Erbauer des großen Viehhofs von St. Marx, Frey, in einem Ehrenbeleidigungsprozesse verteidigt, welchen Herr Emanuel Bachmayer, damals Gemeinderat für den II. Bezirk, gegen ihn angestrengt hatte. Der Kläger, ein im übrigen sehr achtbarer Geschäftsmann, hatte sich verleiten lassen, Herrn Frey vorzuwerfen, die Pfeiler auf dem Viehhof seien ganz vertragswidrig hergestellt, sie enthielten nichts als lauter Schutt und Mörtel, worauf der Angegriffene mit gehöriger Schärfe öffentlich antwortete und nun vor die Geschwornen kam. Als Zeuge erschien damals im Gerichtssaale Dr. Lueger, der Boulanger von Margarethen. Alles kam im Prozeß darauf an, ob und wie der Kläger und sein Kronzeuge Lueger zu der Überzeugung gekommen seien und beweisen könnten, daß die Pfeiler wirklich schlecht hergestellt wären. Ich fragte den Zeugen, ob sie dieselben vielleicht durch einen Ingenieur hätten untersuchen lassen, da sie beide ja doch nicht als Techniker zu fungieren in der Lage seien. Darauf antwortete Lueger, sein gesunder Menschenverstand sei ihm zur Beurteilung völlig genügend gewesen. Er sei am frühen Morgen mit Bachmayer hinausgegangen, habe die Pfeiler mit seinem Regenschirme angeklopft und nun wisse er genug. Ich meinte dann im Plaidoyer, jeder andere würde die Pfeiler wohl durch einen Techniker haben prüfen lassen, wenn er wirklich die Kommune vor Schaden hätte be=

wahren wollen. Der Herr Kläger aber habe gar nichts weiter gebraucht als den gesunden Menschenverstand und das Parapluie des Dr. Lueger; so stelle er den Beweis her. Frey wurde von der Jury selbstverständlich einstimmig losgesprochen. Das sind also die Mittel, jenes die Ziele der Parteiführer. Sie wollen ein Wien ohne Intelligenz und ohne Kapital. Sie wollen Wien in jedem Sinne des Wortes dekapitalisieren. Es soll kein Kapital, keinen Unternehmungsgeist, keine fachmännische Intelligenz mehr besitzen und damit also auch unfähig werden, die wirkliche Kapitale eines großen Reiches zu sein. Sie wollen kein Groß-Wien, weil bei den Neubauten u. s. f. einige Leute, insbesondere einige Juden, Geschäfte machen, etwas verdienen könnten. Im Gemeinderate erklären sie, keine Tarifermäßigungen auf den Eisenbahnen zu wollen, weil sonst Juden auf den Eisenbahnen billig hereinkommen könnten; sie verweigern 4000 Gulden für Freitheatervorstellungen bei der Centenarfeier Grillparzers, weil der Bevölkerung dadurch ein geistiger, ein veredelnder Genuß zu teil werden könnte. Dagegen wollen sie die Kinder schon in der Volksschule nach Konfessionen getrennt wissen, damit der Rassenhaß und die gegenseitige Anfeindung alle Lebensbedingungen von der frühesten Jugend an vergifte. Es gehört zu den Dingen, welche nur im „Reiche der Unwahrscheinlichkeiten" möglich sind, daß eine Regierung, welcher man, wie viel sie auch verfehlt hat, patriotische Absichten denn doch nicht absprechen kann, diesem Treiben seit Jahren stillschweigend und **durch Schweigen billigend** zusieht, daß sie ihre kleinen Beamten bei den Wahlen in aller Gemütlichkeit antisemitisch stimmen läßt, daß sie, daß der Herr Ministerpräsident **niemals ein Wort**, sei es in oder außer dem Abgeordnetenhause, dagegen gesprochen hat. Bei Groß-Wien hat er doch wohl ausreichende Gelegenheit gehabt, den politischen und socialen Wert dieser traurigen Gesellschaft kennen zu lernen. Was ist nun in dieser Richtung unsere Aufgabe überhaupt und im Abgeordnetenhause insbesondere? Die wirtschaftliche sowie die kulturelle Entwicklung Wiens in jeder Weise zu fördern; durch die Verbauung der Linienwälle, die Errichtung einer Stadtbahn, die Wienflußregulierung, die Verlegung der Kasernen neue Erwerbsquellen zu eröffnen; dem Kleingewerbe durch jede mögliche Unterstützung seiner Association, durch Steuererleichterung bei derselben, ebenso bei neuen industriellen Betriebsanlagen in jeder Weise behülflich zu sein; die vereinigten Vororte endlich, soweit wir können, in Bezug auf Assanierung, Approvisionierung, Kanalisierung, Wasserleitung, Schulwesen u. s. f. auf die Höhe der Kommune Wien erheben zu helfen. Ein erhabenes Kaiserwort machte die Linienwälle fallen, ein **Kaiserwort wird vielleicht auch bald einmal die geistigen Wälle** fallen machen, welche, wie ich in der Debatte über die Verzehrungssteuer im Abgeordnetenhause ausgesprochen, die Geister innerhalb der Wiener Bevölkerung voneinander trennen. Sind auch diese einmal gewichen, dann kann und wird sich hoffentlich mit der Zeit das Wort unseres allzufrüh verblichenen Kronprinzen vollziehen, welches zugleich unseren innigsten Wünschen Ausdruck giebt: ein Meer von Licht strahle aus von dieser Stadt! —

V.*

Nicht hoffnungsfreudig und nicht zuversichtlich, aber auch nicht hoffnungslos und pessimistisch wird unsere große deutsche liberale Partei in das neugewählte Abgeordnetenhaus einzutreten haben. Nicht hoffnungslos. Denn die in der Auflösung des Hauses gelegene Anerkennung der Thatsache, daß auf dem vor fast zwölf Jahren betretenen und seither festgehaltenen Wege nicht mehr fortgeschritten werden kann; die ausdrückliche Erklärung der Regierung, daß sie die Mitwirkung eines jeden Gemäßigten und patriotisch Gesinnten hinfort willkommen heißen wolle; die Beseitigung desjenigen hervorragenden Ministers endlich, in dessen Person die Gegnerschaft gegen das Deutschtum und der Wunsch, die bisher gegen dasselbe bestandene Parteikoalition und Parlamentsmajorität aufrechtzuerhalten, zum prägnantesten Ausdruck gelangt war: all das sind Momente genug, um den Blick in die Zukunft nicht als einen völlig hoffnungs- und aussichtslosen erscheinen zu lassen. Auf der anderen Seite entbehren wir aller Anhalts-

---

* Gehalten am 2. März 1891 in der allgemeinen Wählerversammlung.

punkte, entbehren jedweder sei es offiziellen, sei es offiziösen Emanation, aus welcher auch nur im allerentferntesten geschlossen werden könnte, ob oder daß etwa die Regierung wirklich die Absicht hege, unserer Partei im Abgeordnetenhause künftig diejenige Stellung einzuräumen, welche es ihr ermöglicht, die Ansprüche, die sie in nationaler, legislativer, wirtschaftlicher und politischer Beziehung zu stellen hat, zur Geltung zu bringen. Und dennoch liegt hierin der Kernpunkt aller Erwägungen in betreff der Zukunft. Es ist geradezu die Frage aller Fragen, ob wir im künftigen Abgeordnetenhause Aussicht haben, die Majorität mit bilden zu helfen. Denn würden wir etwa auch weiterhin, wie bisher, bestimmt sein, in der Minorität zu verharren, dann sind begreiflicherweise auch die schönsten Programme und die edelsten Absichten gegenstandslos. Denn die Majorität ist es, welche über das, was zu geschehen hat, entscheidet, und die Minorität im Parlament ist zum passiven Zuwarten und zu legislativer Ohnmacht verurteilt. In dieser Hinsicht stehe ich nun nicht an zu behaupten, daß ich nur einen sehr mäßigen Grad von Vertrauen gerechtfertigt zu finden in der Lage bin. Dies aber aus drei Gründen. Zunächst lehrt die Geschichte der modernen Staaten und ihrer bedeutenden Staatsmänner, sei es in England, in Deutschland oder Italien, daß ernste aktive Politiker bei einer Parlamentsauflösung niemals nur einfach hinzuhorchen ober hinzuspähen pflegen, was sich etwa aus den gährenden politischen oder nationalen Elementen herauskrystallisieren dürfte, während sie vielmehr dementgegen selbst bestrebt sind, diejenige Parlamentsmajorität zu bilden und gestalten zu helfen, mit welcher die Ziele, die für das Gesamtwohl anzustreben sind, auch in der That erreicht werden können. Die gegenwärtige Situation ist nun in dieser Richtung offenbar die folgende. Die alte Koalition im Abgeordnetenhause, welche durch die letzten zwölf Jahre die Existenzbedingungen der Regierung beschafft hat, kann unmöglich weiter fortbestehen. Mit der nun kommenden größeren Anzahl von Jungczechen, welche unter Verleugnung unserer bestehenden Verfassung das alte böhmische Staatsrecht und eine Sonderstellung Böhmens nach dem Muster Ungarns anstreben, zugleich die Deutschböhmen zurückdrängen, ist für jetzt kein Bund zu flechten. Ebensowenig ist aber auch eine Verbrüderung dieser Jungczechen mit den Klerikalen aus Tirol, Oberösterreich, Krain und Istrien irgendwie vorauszusetzen. Denn diese können und werden auch ihrerseits nicht aufhören, die Verkirchlichung der Schule anzustreben und uns in die Zeit des Konkordats zurückschrauben zu wollen, während gerade der Führer der Jungczechen, Eduard Gregr, diesen Bestrebungen bekanntlich mit der ganzen Kraft seiner flammenden Beredsamkeit entgegengetreten ist. Endlich ist aber auch ein neuer Bund zwischen den Czechen und Polen für nahezu undenkbar zu halten. Zwischen den begeisterten Russenfreunden und denjenigen, welchen die Russophobie ein Dogma, eine politische Religion ist, erscheint eine dauernde Harmonie so gut wie unmöglich. Dagegen liegt es außerordentlich nahe, daß Polen und Deutsche zu gemeinsamer Aktion sich zusammenfinden können. Die Polen haben ihre autonome Verwaltung unseren deutschen Ministerien zu verdanken gehabt. Sie haben ferner bei der Branntweinsteuer und bei der galizischen Grundentlastung ihre Wünsche erfüllt gesehen. Für sie besteht heute kein Grund mehr, mit den Deutschen, die ihnen den Fortbestand des Erlangten verbürgen, nicht Hand in Hand zu gehen, und ich begrüße die Stimmen, welche sich während der gegenwärtigen Wahlcampagne in Galizien wiederholt in diesem Sinne ausgesprochen haben, als die Verkünderinnen des Evangeliums einer besseren Zukunft. Denn mit einer solchen Verbindung wäre die Grundlage einer neuen kompakten fortschrittlichen Majorität gegeben, und es ist sogar nichts weniger als unwahrscheinlich, daß sich rücksichtlich der freiheitlichen und wirtschaftlichen Fragen die Jungczechen von Fall zu Fall anschließen würden. Haben diese doch gleichfalls durch den Mund ihres geistvollen Führers im offenen Hause ausdrücklich erklärt, daß die freiheitliche Entwicklung ihnen nicht minder hoch stehe als die nationale.

Ob dergleichen Aussicht auf praktische Verwirklichung hat,

oder ob es Utopie ist, darüber fehlt jede Andeutung von oben und deshalb ist einiges Mißtrauen gewiß gerechtfertigt. Ich hege dasselbe aber auch aus dem weiteren Grunde, weil die Regierung im Laufe ihres zwölfjährigen Waltens niemals im stande gewesen ist, das österreichische S t a a t s b e w u ß t = sein, das G e s a m t b e w u ß t s e i n zu heben und zu fördern, während sie vielmehr durch Gewährung immer neuer Koncessionen in Sprache und Schule nur dem Separatis= mus der Volksstämme zu maßlosem Aufschwunge verholfen hat. So sind zu den alten früher bestandenen nationalen Gegensätzen ganz neue hinzugekommen, an die man zuvor nie gedacht hatte: die Jungczechen und ihre mit der Staats= einheitlichkeit unvereinbaren Aspirationen; im naturgemäßen äußersten Gegensatze zu ihnen aber die Deutschnationalen mit dem u n p a t r i o t i s c h e n Zuge, der ihnen anhaftet. Würde die Regierung es auch nur verstanden haben, den tieferen socialen Schichten der Bevölkerung, wie wir es bezüglich der Arbeiterschaft verlangt hatten, ein gewisses Maß von politischen Berechtigungen einzuräumen, so würde schon in der energischen Geltendmachung der m a t e r i e l l e n Be= dürfnisse dieser Volksschichten ein nicht zu unterschätzendes Gegengewicht gegen die Maßlosigkeit nationaler Begehren gelegen gewesen sein. Ob es nun d i e s e r Regierung gelingen kann, hier eine vollständige Umkehr eintreten zu lassen, ist zum mindesten ein Gegenstand berechtigten Zweifels.

Der dritte und letzte Grund meines mangelnden Vertrauens besteht darin, daß die Regierung durch ihre Konnivenz, durch ihr passives Zusehen oder Billigen in betreff der maßlosen Ausschreitungen des Antikapitalismus und Antisemitismus ein tiefes Sinken des öffentlichen Geistes im cisleithanischen Österreich überhaupt, in unserer teuren Vaterstadt Wien 'insbesondere, herbeizuführen geholfen hat. Betrachten Sie nur einmal die Gestalten und die Thatsachen, welche die gegenwärtige Wahlbewegung an die Oberfläche gebracht hat. In früheren Jahren galt es als der Lohn eines längeren arbeitsvollen und makellosen, zugleich hervorragenden Leistungen im bürgerlichen Berufe gewidmeten Lebens, daß man anstreben und erhoffen durfte, als Vertreter des ersten Wahlbezirkes des Reichs, der inneren Stadt Wien, in das Abgeordnetenhaus entsendet zu werden. Ja, ich darf sagen, es war der Stolz und die größte Freude meines Lebens, daß ich durch das Vertrauen meiner Mitbürger berufen wurde, als Nachfolger eines Mühlfeld und Berger, dann später als engster Kollege unseres eminenten Herbst im Parlamente thätig sein zu dürfen. Sehen Sie dagegen die ellenlangen Plakate an, welche heute alle Straßenecken verunzieren und an die „christlichen" Wähler gerichtet erscheinen. Da finden Sie vier Personen unterschrieben, von deren Existenz die meisten Wähler wahrscheinlich erst durch den Wahlaufruf

Kenntnis erlangen, die niemals sei es im bürgerlichen oder im öffentlichen Leben etwas Nennenswertes geleistet haben, von denen zwei überdies aus dem fünften und sechsten Bezirk haben verschrieben werden müssen. Der Anspruch dieser Herren auf das Mandat besteht einzig und allein darin, daß sie die abgebrauchten Lehrsätze, mit denen der Antisemitismus prunkt, in durchschossenen Lettern haben abdrucken lassen. Was aber dabei das Allerärgste, das ist, daß an der Spitze der vier der Sohn ebendesselben von mir soeben genannten ausgezeichneten Mannes steht, welcher sein arbeitsreiches Leben unentwegt dem Fortschritt und der Freiheit gewidmet hatte[1]. Der Herr Sohn kann von Glück sagen, daß sein Vater nicht mehr am Leben ist. Denn ein Blitzstrahl aus seinen glänzenden Augen würde den Abtrünnling in den Boden sinken machen. Und nun betrachten Sie weiter das würdelose Schauspiel im Wahlbezirk Hernals. Da betreibt der Prinz Alois Liechtenstein den Beglückungssport des kleinen Gewerbestandes ganz ebenso, wie er einige Jahre früher den Beglückungssport des Bauernstandes zu betreiben bemüht gewesen ist. Wie der Ritter Lohengrin von seiner Burg Monsalvat, so kommt er von seinen aristokratischen Höhen herunter, um die niedere Menschheit des Gewerbe= standes zu erretten. So sind ja auch bei den alten Griechen

---

[1] Der ehemalige berühmte Advokat, nachmalige Minister Dr. J. N. Berger.

die Götter des Olymps manchmal für Augenblicke auf die Erde heruntergekommen, um die Töchter der Sterblichen zu erfreuen. Es ist nun aber geradezu entwürdigend, daß ein Teil der Bevölkerung sich vor diesem Manne auf die Knie wirft, um „Winke seiner Gnade" zu erhaschen. Und es ist nicht minder entwürdigend, daß bei den ritterlichen Kämpfen, welche der Prinz gegen das Hausierwesen und die Pofelware führt, der große Volkstribun von Margarethen[1] ihm Schwert und Schild und Speer darreicht. Allerdings ist das eigentlich denn doch mehr komisch als tragisch zu nennen. Man wird dabei unwillkürlich an den Ritter von La Mancha des großen Spaniers und an seinen getreuen Knappen Sancho Pansa erinnert. Übrigens hat man sich nicht gerade zu fürchten, wenn etwa selbst die beiden Herren in das Abgeordnetenhaus gelangen sollten. Bringt ja doch jeder von ihnen als Mitgift ein glänzendes Fiasko mit; Prinz Liechtenstein das mit seinem Schulantrage erlebte, Dr. Lueger das in Bezug auf Groß=Wien. Wenn die Herren Gelüste nach weiteren ähnlichen Erfolgen haben, so kann ihnen ja geholfen werden. Immerhin bleibt es aber bedenklich und wenig vertrauenerweckend, daß die Regierung die schmutzigen Wellen des Antisemitismus so hoch hat heran= bringen lassen. Aber auch in dieser Richtung stehen die Dinge im ganzen nicht schlecht. Der Antisemitismus, dieses

---

[1] Dr. Lueger.

Apostolat der tiefsten Roheit und Gemeinheit des Herzens, der tiefsten Unbildung und Unwissenheit des Geistes, der Antisemitismus, welchen eine der Zierden der katholischen Kirche, der geniale Dompropst Döllinger in München, als eine „weltgeschichtliche Ungerechtigkeit" charakterisiert hat, er ist rings um uns her in sichtlichem, wenn auch sehr langsamen Rückgange begriffen, er ist auf den Aussterbe=etat gesetzt. In dem uns verbündeten Italien ist vor wenigen Wochen ein Jude zum Finanzminister ernannt worden[1]; in Ungarn hat ihn die kräftige Hand Tiszas er=drückt; in Deutschland ist er im Verschwinden begriffen. Unser ehrwürdiger österreichischer Episkopat hat ihn, wie schon früher eine Anzahl von Bischöfen, als „heidnischen Rassenhaß" stigmatisiert, und die sogenannten „Vereinigten Christen", welche trotz alledem im Widerspruch mit den Geboten ihrer erlauchtesten Priester noch an ihm festhalten, thäten eigentlich viel besser, sich von nun an als „verun=reinigte Christen" zu bezeichnen. Nur wir genießen den traurigen Vorzug, den Antisemitismus noch in voller Blüte vor uns zu sehen.

Wenn ich nun aber einmal annehmen will, die poli=tische Situation würde sich besser gestalten, als ich sie bis=her noch voraussetzte, und wir würden in der That zu einer

---

[1] Luzzatti.

werkthätigen Majorität im Hause werden können, dann würde es unsere Aufgabe sein, das Programm, welches die frühere vereinigte Linke am 8. Februar d. J. aufgestellt hat, soweit nur irgend möglich praktisch in Vollzug zu setzen. Wir würden das große Werk der **Valutaregulierung** fördern, um eine feste Grundlage für unsere industrielle und kaufmännische Thätigkeit zu erlangen; um beide nicht mit allen ihren Kalkulationen immer wieder der wechselnden Strömung jedes Tages preisgegeben und demnach immerwährender Unsicherheit überliefert zu sehen. In dem Abschluß von **Handelsverträgen** würden wir hoffen die Bürgschaft zu gewinnen, daß nicht agrarische Velleitäten unsern Getreideexport noch mehr in Frage stellen, als dies durch die nordamerikanische Konkurrenz leider ohnehin der Fall ist, daß unser Absatzmarkt nicht ferner ein unnatürlich verengter sei wie heute, und daß insbesondere das naturgemäßeste Absatzgebiet für unsere Industrieprodukte, der Osten, uns nicht länger verschlossen bleibe. Mit der längst beabsichtigten Einführung der **progressiven Personaleinkommensteuer** würden wir eine gerechtere Steuerverteilung anzubahnen, zugleich die untersten Schichten von dem Übermaß der indirekten Steuern zu entlasten bemüht sein. Den kleinen Gewerbestand haben wir dadurch zu fördern, daß wir ihn auf diejenigen Zweige der Produktion hinzuweisen suchen, auf welchen er zu konkurrieren vermag, daß wir die **Association**, das **Genossen-schaftswesen** in jeder Weise zu unterstützen, ihn in betreff der **Steuerbelastung** möglichst zu berücksichtigen bestrebt sind. Daß wir niemals Gegner einer rationell veranlagten **Börsensteuer** waren, das liegt, trotz aller wider uns vorgebrachten Verdächtigungen, auf flacher Hand. Es ist ja doch ein öffentliches Geheimnis, daß der entschiedene Gegner der Börsensteuer in diesen Jahren niemand anderes als der Finanzminister Dunajewski war, welcher die Beratung des fertigen Ausschußentwurfes im Hause nicht hat zu stande kommen lassen. Wahrscheinlich ist er von der Besorgnis geleitet gewesen, eine Börsensteuer könne hemmend auf den Umsatz der Staatspapiere wirken und dadurch eventuell neu zu emittierende Anleihen verteuern. Diese Besorgnis verdient gewiß die eingehendste Beachtung, und eine ungeschickt veranlagte Börsensteuer könnte unzweifelhaft dem öffentlichen Kredit mehr schaden, als ihr materielles Ergebnis der Gesamtheit Nutzen zu bringen geeignet sein würde.

Soweit das Programm. Würden wir Minorität bleiben und dasselbe somit zur Ausführung nicht bringen können, dann hätten wir allerdings unerschüttert und unentwegt in der Stellung einer reichstreuen, loyal und dynastisch gesinnten Opposition wie bisher zu verbleiben. Den großen Prinzipien der Staatseinheit, der Freiheit, der wirtschaftlichen Entwicklung in Österreich würden wir, wie uns selbst, treu bleiben; mit dem Föderalismus transigieren oder uns dem Slavismus unterordnen, das würden wir nie. Hoffen wir das Beste, aber halten wir unser Pulver trocken. Was aber mich selbst betrifft, so werde ich, möge nun die Wahlschlacht, wie ich hoffe, zu meinen Gunsten ausfallen, oder auch nicht, immer der bleiben, der ich bisher gewesen bin: ein treuer Sohn Österreichs, selbstlos, dem freiheitlichen, geistigen, sittlichen, wirtschaftlichen Aufschwunge des Vaterlandes hingegeben bis zum letzten Atemzuge; und nach keinem anderen Ziele strebend als nach dem jener echten Popularität, welche einem reinen, dem Gesamtwohl gewidmeten Streben, dem auch nur einiges Können zur Seite steht, auf die Dauer niemals versagt werden kann. —

Anhang.

Wahlprüfungen*.

Mit Rücksicht auf die nun wieder zu gewärtigende Aktualität der Frage dürfte es nicht unzweckmäßig sein, wenigstens in kurzen Zügen das Bild des bisherigen Vorganges des Abgeordnetenhauses bei der Vornahme der Wahlprüfung zu entwerfen. Am 22. September 1885 trat das Haus zur zehnten Session zusammen, am 18. Dezember 1890 schloß es seine Sitzungen. An diesem Tage waren noch fünf aus der ursprünglichen Wahl herrührende Mandate nicht zur Verifikation gelangt, ja es waren nicht einmal Berichte des Legitimationsausschusses über dieselben erstattet. Zwei unter ihnen — ein dalmatinisches — gehörten zu den heftig bestrittenen. Von drei weiteren lebhaft bestrittenen Wahlen — eine unserer, zwei der Gegenpartei angehörig — wurde die erstere am 22. Februar 1888 zum erstenmal vom Hause in Erörterung gezogen, worauf dann Vertagung und sohin neuerliche Verhandlung am 27. Mai

---

* Vortrag, gehalten am 10. Februar 1891 in der Wiener „Juristischen Gesellschaft".

1890, in der 383. Sitzung, erfolgte. Diese Wahl wurde nunmehr, nach fünfthalb Jahren, annulliert. Die zwei anderen kamen am 6. und 10. Dezember 1890, das ist nach fünf Jahren und zwei Monaten, zur Verhandlung und wurden gegen die Stimmen der Linken agnosziert.

Sehr bezeichnend sind die Vorgänge in betreff der dalmatinischen Wahlen insbesondere. Nachdem der Legitimationsausschuß sich am 10. Oktober 1885 konstituiert hatte, wurden vier von den fünf bestrittenen dalmatinischen Wahlen einem Berichterstatter aus den Reihen der Majorität zugewiesen. Derselbe legte am 1. Februar 1887 die Wahlakten zurück, ohne ein Referat erstattet zu haben. Der Nächstbestellte schied am 13. Mai 1888 aus dem Legitimationsausschusse, gleichfalls ohne referiert zu haben. Ebenso der dritte Berichterstatter, welcher im Winter 1889, ohne referiert zu haben, austrat. Es verdient konstatiert zu werden, daß ein so gewissenhafter und unparteiischer Beurteiler wie Baron Scharschmid[1] diesen seltsamen Vorgang durchaus nicht auf Pflichtvergessenheit der betreffenden Referenten, sondern vielmehr auf Instruktionen zurückführt, welche von der Parteileitung der Majorität ausgegangen seien. Kam es nun endlich zur Verhandlung

---

[1] Hofrat beim Verwaltungsgerichtshofe und als Abgeordneter aus dem böhmischen Großgrundbesitze Mitglied der vereinigten Linken.

solcher Wahlen im Plenum des Hauses, so haben oft Zu=
fälligkeiten über das Schicksal des Gewählten entschieden.
So brachte der Berichterstatter der Minorität bei der
zweiten Verhandlung über die bereits erwähnte Wahl eines
unserer Parteigenossen, trotz der langwierigen zweimaligen
Debatten, welche im Ausschusse, dem er selbst angehörte,
gepflogen worden waren, wieder neue Thatsachen gegen
deren Gültigkeit vor. Nun wurden nicht etwa, wie es ge=
boten gewesen wäre, neue Erhebungen eingeleitet, sondern,
obgleich die Mehrheit des Legitimationsausschusses unter
Mitwirkung der galizischen Abgeordneten sich für die
Agnoszierung erklärt hatte, verließen die letzteren den Saal,
und es wurde durch diesen Exodus die Annullierung herbei=
geführt. Bei den dalmatinischen Wahlen begegnet man
häufig ganz abnormen Vorkommnissen, welche teilweise
schon durch eine lange Reihe von Entscheidungen des Ver=
waltungsgerichtshofes über Gemeinderatswahlen konstatiert
wurden, aber nie zum Gegenstande genauer Erhebungen
seitens des Abgeordnetenhauses gemacht worden sind. Tote
sollen durch Personen, die an ihrer Stelle wählten, mit=
gestimmt haben, ebenso Sträflinge von Capo d'Istria.
Häufig sollen Wähler mehr als einmal, ferner solche votiert
haben, die gar nicht in der Liste standen, endlich Minderjährige
oder Wähler, die keine Steuer gezahlt hatten. Bei einer
Wahl sollte die Stimmabgabe am Abend des ersten Tages

sistiert worden sein, um am andern Tage fortgesetzt zu werden; an diesem letzteren aber wären die Wähler nicht mehr zugelassen worden. Bei ebenderselben Wahl sei den Wählern angedroht worden, sie würden eingesperrt, wenn sie nicht so stimmen, wie der Bürgermeister es wolle. Rücksichtlich all dieser Umstände fehlt es gänzlich an zuverlässigen Beweisaufnahmen. Festgestellt ist jedoch, daß bei dalmatinischen Wahlen wiederholt die genaue Einsicht- und insbesondere Abschriftnahme aus den Wählerlisten verweigert wurde, und demgegenüber hat das Haus aus Anlaß eines Falles der Wahlprüfung eine Resolution beschlossen, der zufolge solche Vereitelung des Reklamationsrechtes als **ungesetzlich** erklärt worden ist. Dessenungeachtet hat dasselbe später eine Wahl agnosziert, bei welcher der gleiche Vorgang und die damit verbundene Beeinträchtigung eines der wichtigsten politischen Rechte nachgewiesen erscheinen[1].

---

[1] Es handelte sich um die Wahl des dalmatinischen Abgeordneten Ritter v. Suput. Bei der Verifikationsdebatte ergab sich der drastische Fall, daß zu Gunsten der Agnoszierung kein Mitglied des Hauses das Wort ergriff mit Ausnahme des dalmatinischen Abgeordneten Borcic, dessen Wahl, obgleich aus dem Beginne der X. Session herrührend, **auch noch nicht verifiziert war** und bis zur Auflösung des Hauses gar nicht mehr in Verhandlung genommen worden ist. Unwillkürlich drängt sich da wohl jedermann die Frage auf die Lippen: quis custodiat custodem?

Welche sind nun die Wirkungen dieses gesamten Verhaltens in formeller und in materiellrechtlicher Beziehung? In dem nach Jahren zählenden Zeitraume bis zur Wahlprüfung gehen Beweismittel verloren, Zeugen sterben u. dgl. m. Eine Gegenüberstellung einander widersprechender Zeugen findet nicht statt. Der Abgeordnete selbst wird nicht vernommen. Werden Erhebungen eingeleitet, so geschehen dieselben durch die Verwaltungsbehörde und nicht in den zur Ermittlung der Wahrheit allein geeigneten judiziellen Formen. Ein materielles Recht in betreff dessen, was bei Wahlen überhaupt erlaubt oder unerlaubt sei, kann sich niemals herausbilden; denn das Abgeordnetenhaus giebt seine Verdikte gleich einer Jury ab, ohne Entscheidungsgründe, und kann, wie bei der Frage der Abschriftnahme aus den Wählerlisten, einen Grundsatz an einem Tage aufstellen und am andern Tage wieder verleugnen. Die Berichterstatter der Minderheit und der Mehrheit stehen sich bei angefochtenen Wahlen gegenüber wie etwa Staatsanwalt und Verteidiger; sie plaidieren, aber ohne daß ein korrektes Beweisverfahren vorausgegangen ist, und das Haus fällt seinen Spruch nach Anhörung der zwei Reden, ohne daß ihm durch eigene Wahrnehmung ein Urteil über die Beweismittel, auf die sich die Redner beziehen, ermöglicht worden wäre. Ein Erkenntnis also aus den Akten, in schneidendstem Gegensatze zu allen Grundsätzen modernen

Prozeßverfahrens. In den eklatantesten Fällen steht es vorweg fest, daß ein bestimmtes Resultat im Partei=Interesse erzielt werden müsse. Es ist dann die Aufgabe der Sophistik, diesem unter allen Umständen durch die Macht der Mehrheit zu erzielenden Ergebnisse den Schein einer Begründung zu geben. Die Wahlprüfung ist nichts anderes als die Wahlagitation nach vollzogener Wahl. Die Abstimmung geschieht nach geschlossenen Parteien, und dies um so mehr, als die Mehrzahl der Mitglieder des Abgeordnetenhauses der Natur der Sache nach aus Nichtjuristen besteht. Zwischen den von beiden Seiten vorgebrachten, sehr oft subtilen und aufs äußerste zugespitzten oder auf Erweckung der Parteileidenschaft geradezu berechneten Argumenten erscheint ihnen als der einzige sichere Leitfaden ihr Parteistandpunkt, und in dem schwer verständlichen Kampfe der zwei Gegner halten sie sich naturgemäß an das, was sie wünschen. Demnach: mangelndes materielles Recht — die Strafgesetz=Novelle regelt natürlich nur die gröbsten Delikte in Wahlsachen —, mangelhaftes Verfahren und somit Mangel an jeder Grundlage für eine feste Rechtsüberzeugung.

In alledem liegen denn nun die Gründe, welche schon vor Jahren den Grafen Coronini und mich bewogen — ursprünglich zu gleicher Zeit und jeder unabhängig von dem andern, dann aber gemeinsam — den Antrag auf

Errichtung eines Wahlprüfungs-Gerichtshofes einzubringen. Sein Schicksal im Hause ist ebenso charakteristisch als der Gang der Wahlprüfungen selbst. Schon gegen Ende der neunten Session zum erstenmal, dann am 3. Oktober 1885, im Beginne der zehnten Session, wieder eingebracht, gelangte derselbe erst am 12. Februar 1886 zur ersten Lesung, am 16. zur Zuweisung an den Wahlreformausschuß. In dem letzteren ward ein Subkomitee von fünf Mitgliedern unter Vorsitz des Abgeordneten Dr. Rieger eingesetzt, welches jedoch nur eine einzige Sitzung abgehalten hat, deren Datum sich nicht einmal genau bestimmen läßt. Da aber diese Sitzung erst stattfand, nachdem zwei Ausschußmitglieder, die Abgeordneten Pickert und Giovanelli, mit Tod abgegangen waren, und da zwischen dem Tode beider ein Zeitraum von mehr als einem Jahre liegt, so ist mit Händen zu greifen, daß der Antrag jahrelang unberührt gelassen worden war. Als ich 1888 in den Wahlreformausschuß eintrat und die Sache urgierte, da war wieder gewartet worden, bis ein drittes Mitglied des Subkomitees, der Abgeordnete Czerkawski, von einer Reise nach Galizien zurückkehre. Ich urgierte neuerdings, anfangs 1890, im März zum drittenmal. Wiederholt wurde der Beschluß gefaßt, daß der Antrag nunmehr im Legitimationsausschusse selbst zur Verhandlung gelangen solle — es ist bis zur Auflösung des Hauses nicht geschehen. Daß auch dies auf Absichtlichkeit und nicht auf Versehen beruhte, leuchtet ein. Die Erklärung liegt darin, daß bei der ersten Lesung des Antrages der leider seither verstorbene Abgeordnete Otto Hausner denselben unter dem Beifalle seiner polnischen und czechischen Parteigenossen in geistvoller Rede als ein „Attentat auf die Souveränität des Abgeordnetenhauses" charakterisiert hatte. Was es mit dieser Souveränität für eine Bewandtnis hat, das können wir am besten aus dem Umstande entnehmen, wie dieselbe ausgeübt wird. Man übt zunächst die Souveränität jahrelang gar nicht aus, damit solche Personen mitstimmen und vielleicht die Majorität in wichtigen Fällen herbeiführen, deren Wahl etwa hintennach als null und nichtig erkannt werden muß. Wird die Souveränität aber endlich ausgeübt, so geschieht es so, daß Parteiwillkür an die Stelle der Gerechtigkeit gesetzt und daß ein Richterspruch — ein solcher ist ja gewollt — von denjenigen gefällt wird, denen all die Mängel (Perhorrescenzgründe) anhaften, welche sonst auf dem ganzen Gebiete des Rechtslebens einen Richter von seiner Funktion ausschließen. Was die so hochgehaltene „Souveränität" bedeutet, mögen Sie endlich aus dem Umstande erschließen, daß das mächtigste Parlament der Welt, das englische, nach langen Kämpfen es als kategorisches Pflichtgebot erkannt hat, sich eines Rechtes zu entkleiden, welches niemals anders als mißbräuchlich ausgeübt werden kann, und dasselbe auf die höchsten Gerichtshöfe des Landes zu übertragen. Niemals anders als mißbräuchlich; denn in Wahrheit sind und bleiben es ja einzig und allein die Parteiinteressen, deren Geltendmachung die Entscheidung herbeiführt.

Deshalb darf ich es wohl als meine feste Absicht aussprechen, falls ich wieder in das Abgeordnetenhaus gewählt werden sollte, hoffentlich zusammen mit dem Grafen Coronini — welcher dem Hause gewiß wieder angehören wird — den Antrag aufs neue einzubringen. Allerdings möchte ich dabei den von mir selbst veröffentlichten Gesetzentwurf, welcher allein einen vollkommen unabhängigen und unparteiischen Wahlprüfungsgerichtshof zu verbürgen scheint, zu Grunde legen. Hoffen wir, daß dem Antrage bei der gegenwärtigen Konstellation eine bessere Zukunft erblühen möge als diejenige, welcher er bisher entgegengesehen hatte.

Von demselben Verfasser erschienen in gleichem Verlage:

Oesterreichs Gegenwart und nächste Zukunft.
Von einem Reichsrathsmitgliede. 1888. X, 320 Seiten. Preis 5 M. 60 Pf.

Abhandlungen zur Reform der Gesetzgebung.
I. Grundlagen der Preßgesetzgebung. 1874. V, 103 Seiten. Preis 2 Mark.

Pierer'sche Hofbuchdruckerei. Stephan Geibel & Co. in Altenburg.